POLYGLOTT on tour

Belgien
Luxemburg

Die Autorin
Margarete Graf
studierte Anglistik und Slawistik. Von ihr erschienen zahlreiche Reise- und Wanderführer, Sachbücher und literarische Anthologien. Belgien und Luxemburg bereist sie seit über 20 Jahren und findet dabei immer wieder Neues.

REISEPLANUNG

LAND & LEUTE

TOP-TOUREN IN BELGIEN UND LUXEMBURG

Das berühmte Brüsseler Manneken Pis in stilvoller Kostümierung

Belgiens 1500 km langes Wasserwegenetz kann per Hausboot erkundet werden

REISE-PLANUNG

Die Reiseregionen im Überblick

Am westlichen Rand Europas gelegen, zieht sich Belgien in sanften Wellen von den Ardennen bis zur Kanalküste. Eine ziemlich gerade Linie, die von Aachen bis auf die Höhe des französischen Lille führt, teilt das Land in Flandern im Norden und die Wallonie im Süden.

Brüssel ist die Hauptstadt des Königreichs Belgien. Sie ist ein Zwerg unter den europäischen Metropolen, doch auch die Hauptstadt der europäischen Union. Das verleiht der Stadt ein buntes, internationales Flair, das sich mit der Gemütlichkeit und Nachbarschaftlichkeit der flämisch-wallonischen Residenz aufs Beste mischt. Eine Fülle von architektonischen Kunstschätzen aus allen Epochen, eine interessante und reiche Museenlandschaft und eine ungewöhnliche Auswahl an Restaurants, Kneipen, Bars und Clubs machen Brüssel zu einem lohnenden Ziel für einen Wochenendtrip.

Die **Ardennen** stehen für grüne Wälder, reißende Flüsse mit kristallklarem Wasser, schroffe Schluchten und Höhlen. Gut erhaltene und verfallene Burgen thronen auf den Höhen, in den Flüssen schwimmen Forellen, im Wald leben Hirsche, Rehe und Wildschweine – und landen schließlich auf dem Teller der Feinschmecker.

Im nördlichen Landesteil reihen sich größere und kleinere Städte dicht an dicht. Fast jede hat eine Besonderheit zu bieten: einen ungewöhnlich schönen Marktplatz, ein stattliches Rathaus, einen kunstvollen Belfried – jenen typischen schlanken Glockenturm. Für eine gemütliche Kunstreise auf der Suche nach den weniger bekannten Highlights bieten sich die Provinzen **Limburg, Antwerpen** und **Flämisch-Brabant** geradezu an. Einen Star gibt es auch: Die Hafenstadt Antwerpen prunkt mit der schönsten Kathedrale des Landes, ihrem imposanten Rathaus und einem Blick über die Schelde, der auch der beständigsten Landratte Fernweh verursacht.

Grachtenfahrt in Brügge

In **Ost- und Westflandern** befinden sich die beiden berühmtesten Kunststädte Belgiens: Gent und Brügge. Aber auch die kleineren Städte besitzen viel Flair und allerhand Sehenswertes. Zudem kann die Region mit schönen Landschaftsbildern punkten: Die flämischen Ardennen sind zwar alles andere als ein Hochgebirge, aber die sanften Hügel bieten viele Wander- und Ausflugsmöglichkeiten. Und dann ist da noch die viel geliebte belgische **Küste**. Fun-Touristen, Kinder, Wassersportler und Freunde langer Dünenwanderungen finden hier zu allen Jahreszeiten Erholung und Vergnügen.

Das **südliche Belgien** ist als Reiseziel wenig bekannt. Hier gilt es, die letzten Zeugen des Industriezeitalters zu entdecken. Die Schiffshebewerke am Canal du Centre – heute Weltkulturerbe – sind der markanteste Punkt einer Reise in die jüngste Vergangenheit.

So klein das **Fürstentum Luxemburg** auch ist, so vielfältig zeigt es sich. Die etwas behäbige Hauptstadt mit der mächtigen Zitadelle ist allemal einen Besuch wert. Eine Rundreise durchs Land führt durch eine ganze Palette malerischer Landschaften: Waldgebirge, auf deren Anhöhen Burgen und Schlösser stehen, die vielen Windungen der Mosel, an deren Hängen ein feiner, frischer Weißwein gedeiht, und die fruchtbare Ebene des Gutlands.

Extra-Touren

Tour 1 Tour des Arts: Die berühmten Kunststädte

Tour-Übersicht:
Brüssel › Leuven › Mechelen › Antwerpen › Gent › Brügge › Kortrijk › Oudenaarde › Brüssel

Dauer:
Brüssel: 2 Tage, **Leuven, Mechelen, Antwerpen:** 1 Tag, **Gent:** 1 Tag, **Brügge:** 2 Tage, **Kortrijk, Oudenaarde und zurück nach Brüssel:** 1 Tag.

Verkehrsmittel:
Die Distanzen zwischen den einzelnen Städten betragen maximal 70 km, also Fahrzeiten von unter einer Stunde. Mit dem eigenen Auto sind Sie zwar unabhängig, haben aber in den Städten ein Parkplatzproblem. Mit dem Zug reisen Sie fast ebenso schnell, müssen jedoch in jeder Stadt den Anmarsch ins kunsthistorisch interessante Zentrum einplanen. Die Zugverbindungen sind ausgezeichnet, in kurzen Abständen getaktet, und an allen Bahnhöfen haben Sie die Möglichkeit, Ihr Gepäck einzustellen.

Eine Tour durch die belgischen Kunststädte Brüssel, Gent, Brügge und Antwerpen verspricht eine Parade der interessantesten architektonischen Meisterstücke aus Gotik, Renaissance, Barock und Jugendstil. ***Brüssel › S. 38 mit der Grand-Place, dem prächtigen Rathaus und den barocken Gildehäusern steht am Beginn der Tour. Zwei Tage Aufenthalt in Brüssel lassen sich leicht gestalten: ein Bummel durch die Gassen der Unterstadt, eine Erkundung der Oberstadt, ein oder zwei interessante Museen, eine Shoppingtour im Antiquitätenviertel oder ein Zug durch die Modeboutiquen.

Von Brüssel geht es nach **Leuven › S. 81** mit seinem einzigartigen Rathaus. Bummeln Sie durch das Univiertel und besuchen Sie den großen Beginenhof, der heute als Studentenwohnheim fungiert. Die nächste Station der Reise heißt **Mechelen › S. 80**, dessen gewaltige, unvollendete Kathedrale Respekt abnötigt.

Nach ***Antwerpen › S. 74** sind es nur ein paar Kilometer. Erkunden Sie die Altstadt, besuchen Sie die herrliche Kathedrale und unternehmen Sie einen Bummel am Scheldeufer. Vielleicht bleibt auch Zeit für eine Schiffsrundfahrt auf der Schelde oder einen Spaziergang durchs frühere Hafenviertel Eilandje. Am nächsten Tag stehen ein Besuch im Rubenshaus, eine Besichtigung des Plantin-Moretus-Museums und ein Bummel durch das Diamantenviertel an.

Die nächste Station ist die quirlige Handels- und Universitätsstadt ***Gent › S. 93**. Sie kommen gerade recht, um den prächtigen Belfried im schönsten Licht zu erleben. Nach einem Bummel entlang Gras- und Korenlei und einem Abendessen in einem der unzähligen Restaurants können Sie sich ins aufregende Genter Nachtleben stürzen – oder zumindest einen Absacker in einer der vielen sympathischen Kneipen nehmen. Am nächsten Tag steht Gents größter Schatz auf dem Programm: der Genter Altar in der

Die Altstadt von Gent

Kathedrale St. Bavo. Als kleinen modernen Kontrast könnten Sie sich das renommierte Museum für zeitgenössische Kunst, das SMAK, gönnen.

Das mittelalterliche ***Brügge › S. 97 ist die Krönung dieser Rundreise. Wer nachmittags ankommt, hat Brügge am Abend fast für sich allein. Beim Schlendern durch krumme Straßen und an Kanälen entlang kann man die riesige Tuchhalle, das elegante Rathaus und die prächtige Liebfrauenkirche ungestört bewundern. Wenn Sie anderntags das Memling-Museum, den Beginenhof und das Groeninge-Museum besuchen, sind Sie vielleicht noch vor den Menschenmassen dran.

Die Rückfahrt nach Brüssel können Sie noch durch zwei sehenswerte Städte aufwerten: In **Kortrijk** › S. 106 zeugen die mächtigen Broeltürme von altem Glanz, in **Oudenaarde** › S. 107 steht auf einem riesigen Marktplatz ein über und über geschmücktes gotisches Rathaus.

Tour 2 Wälder, Flüsse, Industrie

Tour-Übersicht:
Liège › Huy › Namur › Charleroi › Binche › Canal du Centre › Mons

Dauer:
2–3 Tage mit Übernachtung in Liège und Namur

Verkehrsmittel:
Für diese Tour von den Ardennen durch das historische Industriegebiet der Boringage bietet sich das Auto an, denn nicht alle Punkte sind mit öffentlichen Verkehrsmitteln leicht zu erreichen. Außerdem wird man immer mal wieder eine Pause einlegen wollen, um die Landschaft des Maastals zu bewundern.

Dieser Tourvorschlag richtet sich an Spezialisten, die ein weniger bekanntes Belgien entdecken wollen. Die Reise beginnt in **Lüttich** (Liège) › S. 56, der weithin unterschätzten Stadt an der Maas. Ein Bummel über die Place du Marché, ein Besuch der romanischen Kirche St-Barthélémy mit dem berühmten Taufbecken und – falls gerade Sonntag ist – ein Gang über den Markt am Kai La Batte gehören zu den wichtigen Bestandteilen eines Lüttich-Besuchs.

Am nächsten Tag folgen Sie dem Lauf der Maas flussauf bis ***Huy** › S. 68, einem hübschen Ardennenstädtchen, das sich für eine Kaffeepause anbietet. In ***Namur** › S. 67 können Sie sich erstmals einen Überblick verschaffen: Die Zitadelle, bequem mit der Seilbahn zu erreichen, lockt mit einem Panoramablick über Stadt, Fluss und Landschaft.

Sie verlassen die Ardennen und erreichen **Charleroi** › S. 114. Nach den grünen Höhen der Ardennen bietet sich hier das unverfälschte Bild einer Industriestadt. Die Oberstadt hat allerlei Sehenswertes zu bieten, darunter den jüngsten Belfried des Landes – er ist noch nicht einmal hundert Jahre alt. Besuchenswert sind auch das Glasmuseum sowie das Museum für Fotografie mit Arbeiten der belgischen Surrealisten.

Binche › **S. 117** ist die Hochburg des belgischen Karnevals, bei dem die Gilles in den Straßen tanzen. Im Karnevals- und Maskenmuseum kann man sich einen Eindruck vom bunten Treiben verschaffen.

Eindrucksvolle Zeugnisse der frühen Industrialisierung sind die vier hydraulischen *****Schiffsaufzüge am Canal du Centre** › **S. 118**, die vom Erfindungstalent des Zeitalters der Ingenieure sprechen.

Mit **Mons** › **S. 118** ist schließlich wieder eine größere Stadt erreicht, die mit ihrer Kathedrale einen der vorderen Ränge auf der Liste der Kunststädte einnimmt. Vergessen Sie nicht, den kleinen Affen am Rathaus zu streicheln, bevor Sie sich auf die Autobahn begeben und in einer guten Stunde Ihren Ausgangspunkt Lüttich wieder erreichen.

Tour 3 Von den Ardennen zum Meer

Tour-Übersicht:
St.-Truiden › Tongeren › Tienen › Leuven › Brüssel › Ronse › Kortrijk › Ieper › Veurne › Oostende

Dauer:
3 Tage mit Übernachtung in Brüssel und Ieper

Verkehrsmittel:
Trotz guter Zugverbindungen empfiehlt sich wegen der vielen Zwischenstopps die Fahrt mit dem Auto.

Sie planen einen Urlaub an der Küste? Nehmen Sie sich doch vorher Zeit für einen gemütlichen Bummel quer durch Belgien. ***Tongeren** › **S. 86**, die erste Station auf der Route, ist die älteste Stadt des Landes. Versäumen Sie nicht einen Besuch im hochinteressanten Gallo-römischen Museum und einen Spaziergang zur alten römischen Stadtmauer. **St.-Truiden** › **S. 85** und **Tienen** › **S. 83** sind zwei typische flämische Städtchen mit properen Häusern, netten Lokalen und stattlichen Kirchen. Sie bereiten vor auf ****Leuven** › **S. 81** mit dem einzigartigen Rathaus, das wie aus Spitze geklöppelt scheint. Den nächsten Tag sollten Sie für *****Brüssel** › **S. 38** reservieren. Wenn Sie fürs erste genug gotische und barocke Bauwerke gesehen haben, unternehmen Sie doch einfach einen Spaziergang durch die zentrumsnahen Stadtteile Ixelles und St-Gilles mit den schönsten Jugendstilhäusern.

Am nächsten Tag bummeln Sie weiter Richtung Küste, mit Stationen in der Kleinstadt Ronse, wo es einen unterirdischen Säulenwald zu bewundern

Die Galeries St-Hubert in Brüssel: Europas erste überdachte Ladenstraße

gibt, in **Kortrijk** › S. 106, das sich rühmt, den schönsten Beginenhof des Landes zu besitzen, und in **Ieper** › S. 106, dessen monumentales gotisches Rathaus die Wirtschaftskraft der mittelalterlichen Kaufleute bezeugt. Im Landstädtchen **Veurne** › S. 105 sollten Sie sich noch mit den dortigen Kuchenspezialitäten wie Veurnse kletskoppen (Biskuit mit Nüssen und Mandeln) oder Veurnse slaapmutsen (Mandelkuchen mit Orangenschale) eindecken, bevor es dann ans Meer geht. **Oostende** › S. 105, die Königin der Küstenorte, stimmt Sie auf die Freuden des Wassersports ein.

Klima & Reisezeit

Aufgrund seiner Lage an der Nordsee bietet Belgiens Westen ein Seeklima mit mäßig heißen Sommern, mit häufigen Niederschlägen von November bis März und mit eher feuchten als kalten Wintern. Unter den Nullpunkt fallen die Temperaturen im Westen des Landes eher selten, während es im Osten des Landes, insbesondere in den Ardennen, richtig kalt werden kann.

An ungefähr 100 Tagen im Jahr steigt das Thermometer dort nicht über Null. Schneefall ist garantiert und das ausgedehnte Waldgebirge bietet dann hervorragende Langlaufmöglichkeiten.

Der Golfstrom sorgt dafür, dass an der Küste keine extremen Temperaturschwankungen zu erwarten sind, doch die vorherrschenden Westwinde bringen immer wieder Regenwolken mit sich. Da diese sich aber häufig erst ein paar Kilometer landeinwärts entladen, bleibt das Badevergnügen meist ungetrübt.

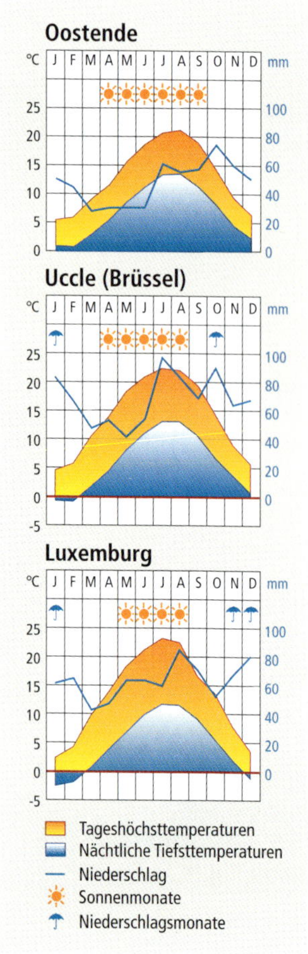

Als Reisezeit kann man daher beinahe das ganze Jahr empfehlen: Für Städtetouren bieten sich vor allem Frühjahr und Herbst an, wenn auch die meisten Kulturveranstaltungen stattfinden. Die Ardennen und die Küstenregion sind sowohl im Sommer als auch im Winter beliebte Ziele.

Eine Unterkunft ist fast zu allen Zeiten leicht zu bekommen. Wer jedoch den Besuch eines der kulturellen Großereignisse plant – Gentse Feesten, Blumenteppich oder Jazz Marathon in Brüssel, Heilig-Blut-Prozession in Brügge – sollte im Voraus reservieren. Dasselbe gilt für Zimmer und Ferienhäuser an der Küste, denn im Juli und August haben auch die Belgier Schulferien und fahren ans Meer.

Anreise

Mit dem Flugzeug

Der Flughafen **Brüssel-Zaventem** liegt 15 km nordöstlich des Zentrums. Er wird von fast allen Flughäfen Deutschlands, Österreichs und der Schweiz aus angeflogen. Zwischen Flughafen und Air-Terminal im Zentrum verkehrt im 20-Minuten-Takt ein Zug, der alle drei großen Bahnhöfe anfährt (Fahrtzeit ca. 20 Min.). Einmal stündlich fährt ein Bus zum Europaviertel. Zudem gibt es eine Bahnverbindung nach Gent und Busverbindungen nach Antwerpen (50 Min.) und Liège (90 Min.).

Der Flughafen **Luxemburg-Findel** – 5 km vom Zentrum – wird mehrmals täglich von Frankfurt/M. und Zürich angeflogen. Zum Hauptbahnhof der Stadt Luxemburg gibt es einen Shuttledienst.

Mit der Bahn

Gute Verbindungen bestehen auf den Strecken Köln–Brüssel–Paris (per Thalys alle zwei bis drei Stunden) bzw. Köln–Brüssel–Oostende und Berlin–Oostende. Luxemburg ist über die Moselstrecke Koblenz–Trier–Luxemburg–Brüssel bzw. Aachen–Lüttich–Metz–Nancy ans europäische Schienennetz angeschlossen. Der DB NachtZug von Berlin und Hamburg nach Brüssel wurde leider eingestellt.

Mit dem Auto

Belgiens Autobahnnetz ist sehr gut ausgebaut, die Anreise via Deutschland führt über folgende Routen:

- von Norden über die E 34 Venlo–Eindhoven–Antwerpen;
- von Osten über die E 40 Köln– Aachen–Lüttich–Brüssel–Oostende;

An der Nordseeküste bei De Panne in Westflandern

- von Südosten über die E 42 Trier– Malmedy oder über die E 411 Luxemburg–Namur–Brüssel.

In FLANDERN und im Raum BRÜSSEL sind STAUS häufig. Oft geht nachmittags nichts mehr. Infos zur Verkehrslage und zu Baustellen bietet die Website www.verkehrsinfo.de.

Reisen im Land

Mit der Bahn

Das belgische Schienennetz ist sehr dicht und gut ausgebaut. Auch wenn Sie mit dem Auto unterwegs sind, lohnt es sich, für Ausflüge in größere Städte den Zug zu nehmen, um sich die leidige Parkplatzsuche zu sparen. Die Verbindungen zwischen den Städten sind sehr gut und regelmäßig, die Bahnfahrkarten etwas günstiger als in Deutschland. Die Züge der belgischen Eisenbahnen SNCB verkehren in der Regel im Stundentakt, auf den Hauptstrecken sogar noch häufiger. Zugpässe und Mehrfahrtenkarten sind erhältlich. Informationen zu Fahrplänen und Preisen sowie Online-Buchung unter www.belgianrail.be.

Mit dem Auto

Das belgische Straßennetz ist gut ausgebaut. Die Autobahnen sind auf weiten Strecken nachts sogar beleuchtet. Es ist ratsam, für alle Fälle die internationale Versicherungskarte dabei zu haben.

Besitzer eines Auslands- oder Euroschutzbriefes können rund um die Uhr telefonisch kostenlose Pannenhilfe von der nächsten Zentrale des belgischen Automobilklubs (TCB) anfordern, Notfalltelefon: 070/34 47 77. Informationen beim **Touringclub Royal de Belgique (TCB),** 44, rue de la Loi, 1040 Bruxelles, Tel. 02/233 22 02, www.touring.be.

Die BUSSGELDER für überhöhte Geschwindigkeit sind hoch: ca. 300 € für 20 km/h zuviel. Wenn der Fahrer nicht zahlt, kann das Auto beschlagnahmt werden.

SEITENBLICK

Verkehrsregeln

- Höchstgeschwindigkeit: auf Autobahnen und Schnellstraßen 120 km/h, auf Landstraßen 90 km/h, in geschlossenen Ortschaften 50 km/h
- Promillegrenze: 0,5
- Anschnallen ist Pflicht.
- Mitzuführen sind: Pannendreieck, Verbandskasten, Feuerlöscher, Warnweste (im Autoinneren).
- Gelbe Bordstein- oder Begrenzungslinien bedeuten Parkverbot.
- Öffentliche Verkehrsmittel haben immer Vorfahrt.

SPECIAL

Reisen mit Kindern

Kinder können in Belgien eine großartige Zeit verbringen – vor allem an der Küste. Hier locken neben Sand und Wasser sowie breiten Pisten für Bobbycar, Rad, Skateboard und Inliner auch viele aufregende Ausflugsmöglichkeiten: zu den **Krabbenfischern** in Oostduinkerke, die vor allem im Juli und August, also zur Ferienzeit, mit ihren Pferden auf Fang gehen, oder zu den Stachelrochen und Seepferdchen im **Sea Life Center** in Blankenberge, zum **Fischerboot Amandine** in Oostende, dem letzten Islandfahrer der belgischen Fischereiflotte, oder zu den tollen **Sandskulpturen in Zeebrugge**, die von wahren Künstlern gestaltet werden – hier ist immer etwas los.

- **Krabbenfischer / Paardevissers**
  Aktuelle Zeiten in der Touristeninformation Oostduinkerke, unter www.paardevissers.be (Niederländisch) und an Infotafeln am Strand.
- **Sea Life Center**
  Koning Albert I-Laan 116
  8370 Blankenberge
  www.sealifeeurope.com
  tgl. 10–18, Juli, Aug. 10–21 Uhr
- **Museumsschiff Amandine**
  Vindictivelaan 35
  8400 Oostende
  www.visitoostende.be
  tgl. 10–17, Juli, Aug. 10–17.30 Uhr

Freizeitparks

Wenn es einmal etwas Besonderes sein soll, dann lockt ein Besuch in einem der vielen Freizeitparks: in den Märchenpark **Plopsaland,** ins **Bobbejaanland** bei Antwerpen oder ins **Walibi** nahe Brüssel mit rasanten Achterbahnen, Themenshows, Wasserrutschen und allerhand Action.

- **Plopsaland**
  De Pannelaan 68
  8660 De Panne
  Tel. 058/42 02 02
  www.plopsa.be
  Mitte Juli–Aug. tgl. 10–19 Uhr, sonst kürzer bzw. nur an Wochenenden, Jan.–April nur während der belgischen Weihnachts- und Osterferien;
  Eintritt je nach Körpergröße:
  bis 0,85 m kostenlos, bis 1 m 9,99 €, ab 1 m 29,99 €
- **Bobbejaanland**
  Olensteenweg 45
  2460 Lichtaart (Nähe Antwerpen)
  Tel. 014/55 78 11
  www.bobbejaanland.be (auf Niederländisch u. Französisch)
  Anfang Juli–Aug. tgl. 10–18 Uhr, sonst kürzer bzw. nur an Wochenenden;
  Eintritt je nach Körpergröße:
  Erw. und Kinder über 1,40 m je nach Online-Promotion ab 23,50 €, Abo-Ermäßigungen erhältlich
- **Walibi Belgium**
  9, rue J. Deschamps
  1300 Wavre
  Tel. 010/42 15 00
  www.walibi.be
  Mitte Juni–Ende August tgl. ab 10 Uhr, in den übrigen Monaten nicht an allen Tagen geöffnet. Eintritt Erw. 33 €, Kinder unter 3 Jahren kostenlos, Kinder von 3–11 Jahren und Senioren ab 55 Jahren 29 €

Nicht ganz so hektisch geht es in den Freilichtmuseen und Naturparks zu, wie beispielsweise in der **Domäne Bokrijk** bei Genk (Provinz Limburg), wo man den flämischen Alltag an der Wende vom 19. zum 20. Jh. erkunden kann.

- **Domäne Bokrijk**
  Bokrijklaan 1
  3600 Genk
  www.bokrijk.be
  April–Sept. tgl. 10–18 Uhr
  Eintritt Erw. 10 €, Kinder und Jugendliche 12–25 Jahre 1 €

Auf Antwerpens **Pirateninsel**, die in einem Lagerhaus eingerichtet wurde, toben sich Kinder auf einem echten Piratenschiff aus, während ihre Eltern gepflegt beim Kaffee sitzen.

- **Pirateneiland**
  Als Pirateninsel gestalteter Indoor-Spielplatz
  Kribbestraat 12–18
  2000 Antwerpen
  www.pirateneiland.be
  Öffnungszeiten variieren
  Kinder 9 €, erwachsene Begleitperson frei

Größere Kinder haben auch in den Ardennen viel Spaß – wenn schon nicht beim Wandern, dann bei einer Kajaktour auf einem der Gebirgsflüsse, einem Kletterabenteuer oder einem Besuch in einer der Tropfsteinhöhlen.

Bootsfahrten

Eine aufregende Abwechslung für Kinder bietet eine Bootsfahrt auf der Maas von Dinant nach Namur oder eine Fahrt auf dem Kanal Brüssel – Charleroi von Halle zur Schiefen Ebene von Ronquières.

- **Bateaux Touristes de la Meuse**
  64, rue Daoust
  5500 Dinant
  Tel. 082/22 23 15
  www.bateaux-meuse.be

Sport & Aktivitäten

Belgien ist Schauplatz traditionsreicher Radrennen, und viele Belgier eifern ihren Helden – von Eddie Merckx bis Tom Boonen – nach. Aber das Land bietet auch schöne Wanderungen und spaßige Paddeltouren.

Wandern

Allein das Netz der rot-weiß markierten Fernwanderwege umfasst in Belgien 5900 km. Als hervorragendes Wandergebiet locken die Ardennen, die ein dichtes Wegenetz durchzieht. Wanderführer und Tourenkarten stellen die meisten Verkehrsämter zur Verfügung. Auch im Hohen Venn kann man schöne Wanderungen unternehmen. Allerdings darf ein Teil des Naturschutzgebiets nicht betreten werden; andere Gebiete sind nur mit autorisierten Führern zugänglich.

Naturparkzentrum Botrange

- Route de Botrange
- 4950 Robertville
- Tel. 080/44 03 00
- www.botrange.be

Radfahren

Belgien ist eine Radnation. Kein Wunder, dass das ganze Land von zahlreichen ausgeschilderten Radrouten durchzogen ist. In Belgisch-Limburg, Antwerpen und im Maasland sind Radwege mit »Orientierungsknoten« markiert, die in dem Gewirr von einander vielfach kreuzenden Radwegen verlässliche Orientierung bieten. Zahlreiche fahrradfreundliche Gasthäuser, Fahrradabhol- und -servicestationen sowie Fahrradvermieter tragen das Gütesiegel »Fahrradlabel«.

Praktisch für Bahnfahrer: An sehr vielen Bahnhöfen können Räder ausgeliehen werden. Für Mountainbiker sind 75 Routen mit den internationalen blauen Zeichen ausgeschildert. Informationen beim Belgischen Verkehrsamt › S. 138 und unter www.radflandern.com.

Am Meer

Der 67 km lange Nordseestrand ist ein Badeparadies für alle, denen eher niedrige Wassertemperaturen nichts ausmachen. An vielen Stellen schirmt ein Dünengürtel den bis zu 100 m breiten Sandstrand vom Hinterland ab.

Beliebt ist die reizvolle flämische Küste auch bei Wattwanderern, Windsurfern, Seglern und Wasser-

Die Ardennen sind ein Dorado für Paddler jeden Alters

skifahrern. In De Panne kann man sich sogar im Strandsegeln testen.

- www.dekust.org

Kanu- und Kajakfahren

Für Einsteiger sind Touren mit Kanus oder Kajaks auf den Ardennenflüssen Ourthe und Lesse, aber auch in der flämischen Maasregion ein Erlebnis. Obwohl ab und zu kleine Stromschnellen dafür sorgen, dass man pitschnass wird, ist der Spaß ungefährlich. Die Boote kann man an vielen Orten mieten; für den Rücktransport sorgen gegen Aufpreis die Verleihfirmen.

- www.ardenne-aventures.be
  www.kajakmaasland.be

Skilanglauf

Die Ardennen sind das Langlaufdorado der Belgier. Ca. 600 km gespurte Loipen gibt es u. a. im Hohen Venn, insbesondere um Bütgenbach und Malmedy, bei Spa und Francorchamps, um Baraque de Fraiture, Bastogne und St.-Hubert.

Centre d'action

- Rue de l'Eglise
- 6980 La Roche-en-Ardenne
- Tel. 084/41 19 81
- www.catpw.be

Unterkunft

In Belgien gibt es Unterkünfte für jeden Geschmack und (fast) jeden Geldbeutel. Auch ohne Reservierung lässt sich bei Touren durchs Land ein Bett finden. Nur während der Sommerferien werden schöne Quartiere an der Küste rar. In den Städten sind Wochenenden, an denen besondere Events auf der Agenda stehen, ebenfalls ausgebucht. Der flämische und der wallonische Tourismusverband geben jedes Jahr ein Hotelverzeichnis mit Preisangaben und Kategorien heraus (erhältlich beim Belgischen Verkehrsamt › S. 138).

Foyer des Hotel Métropole

Auch Gästezimmer (B&B, chambres d'hôtes) bieten freundliche Aufnahme. Die Privatquartiere sind in der Regel preisgünstiger, das Ambiente – kleine Landschlösser, alte Höfe, elegante Stadthäuser – ist oft sehr schön. Vor allem an der Küste gibt es ein großes Angebot an Ferienwohnungen und -häusern, die über verschiedene Agenturen gemietet werden können.

Belgien und Luxemburg sind darüber hinaus auch Campingparadiese. Die größte Auswahl an Campingplätzen bieten die Nordsee und die Ardennen. Die Plätze sind in der Regel gut ausgestattet. Auf vielen Campingplätzen sind auch gut isolierte, heizbare Wanderhütten zu mieten, die vier Personen Platz bieten. Die Ausstattung ist einfach, aber ausreichend, bei Bedarf können gegen geringen Aufpreis auch Töpfe, Besteck und Geschirr ausgeliehen werden.

Jugendherbergen stehen Gästen jeden Alters offen. Viele bieten auch Zimmer für Familien und einfache Doppelzimmer. Einzige Voraussetzung: ein gültiger Jugendherbergsausweis.

Vlaamse Jeugdherbergen

- Beatrijslaan 72
- 2050 Antwerpen
- Tel. 03/232 72 18
- www.jeugdherbergen.be

Les Auberges de Jeunesse ASBL, Bureau central

- 28, rue de la Sablonnière
- 1000 Brüssel
- Tel. 02/219 56 76
- www.laj.be

Die schönsten Hotels in Belgien

Erst-! klassig

- **Hotel Métropole**
  Luxushotel im Stil der Belle Époque, mit großen Zimmern › S. 46.
- **Monty Hotel**
  18 mit Designermöbeln eingerichtete Zimmer in einer Stadtvilla › S. 46.
- **Hotel 't Sandt**
  Ca. 30 individuell gestaltete Zimmer und Suiten in einem eleganten Stadtpalais, DZ ab 170 € (Wochenende).
  Zand 13–19
  2000 Antwerpen
  Tel. 03/232 93 90
  www.hotel-sandt.be
- **St.-Jorishof**
  Schlafen, wo Karl V. und Napoleon nächtigten: im historischen Haus der Armbrustschützen. Moderne Zimmer mit allem Komfort, DZ ab 105 €.
  Botermarkt 2
  9000 Gent
  Tel. 09/224 24 24
  www.courstgeorges.com
- **Hotel Ter Duinen**
  Stilvoller kann man es kaum treffen: direkt an einer Gracht, im weniger trubeligen Hanseviertel, DZ ab 145 €.
  Langerei 52
  8000 Brugge
  Tel. 050/33 04 37
  www.terduinenhotel.be
- **Loxley Cottage**
  Hübsche Sommervilla mit Garten, Veranda, Kamin und sämtlichen Annehmlichkeiten, DZ 110 €.
  Bauwenslaan 2
  8670 Koksijde
  Tel. 058/52 08 79
  www.hoteloxalis.com

LAND & LEUTE

Moules-frites – Muscheln und Pommes frites – sind in Belgien sehr beliebt

STECKBRIEF

- **Fläche:** 30 545 km², davon Flandern 13 521 km², Wallonie 15 991 km², deutschsprachige Gemeinschaft 854 km², Brüssel 162 km²
- **Einwohner:** 11,0 Mio.
- **Bevölkerungsdichte:** 362 Einw. pro km²
- **Höchste Erhebung:** Signal de Botrange (694 m)
- **Religion:** 75 % Katholiken; 3 % Muslime; 1 % Protestanten; 0,4 % Juden; 20 % Sonstige/ohne
- **Sprachen:** 59 % Flämisch; 40 % Französisch; 1 % Deutsch
- **Landesvorwahl:** 0032
- **Währung:** Euro
- **Zeitzone:** Mitteleuropäische Zeit (MEZ)

Lage

Belgien liegt im Westen Europas, an der Kanalküste. Seine Nachbarn sind die Niederlande, Deutschland, Luxemburg und Frankreich, mit dem es die längste Grenzlinie teilt (620 km). Mit den gut 30 000 km² beansprucht es nur wenig mehr Platz als das Bundesland Brandenburg. Den Südosten nehmen die Ardennen ein, die im Durchschnitt eine Höhe von 420 m erreichen. Von dort aus senkt sich das Land, zunächst in sanften Wellen, langsam hinab zum Meer.

Politik und Verwaltung

Belgien ist eine konstitutionelle Monarchie mit einem König an der Spitze. Seit 1993 hat Albert II. (geb. 1934) dieses Amt inne. Im Zuge der Verfassungsreformen der 1980er-Jahre hat sich das ursprünglich zentralistisch regierte Land in einen föderalistischen Bundesstaat mit zehn Provinzen gewandelt – im Wesentlichen eine Reaktion auf die zunehmenden Spannungen zwischen dem wallonischen und dem flämischen Teil. Die politische Macht liegt allerdings hauptsächlich bei den Vertretungen der Sprachgemeinschaften, die z. B. in den Bereichen Sprache, Kultur und Bildung weitgehende Kompetenzen haben. Die drei Regionen wiederum (Wallonie, Flandern und Brüssel) verantworten Fragen wie Naturschutz, Stadtplanung und Arbeitsmarktpolitik.

Zur Region Flandern im Norden gehören die Provinzen Antwerpen, Ostflandern, Westflandern, Flämisch-Brabant und Limburg. Die französischsprachige Wallonie im

Süden umfasst die Provinzen Namur, Liège (Lüttich), Hainaut (Hennegau), Wallonisch-Brabant und Luxembourg Belge (Belgisch-Luxemburg). Die zweisprachige Region Brüssel gehört keiner Provinz an. Die deutschsprachigen sog. Ostkantone sind Teil der Provinz Liège.

Die Tatsache, dass sich die Parteien nicht nur nach ihrer politischen Ausrichtung unterscheiden, sondern ihre jeweilige Basis entweder im flämischen oder im wallonischen Landesteil haben, erschwert regelmäßig die Regierungsbildung nach den Wahlen. Vor allem im flämischen Landesteil gibt es starke separatistische Tendenzen, die die Zukunft des Landes immer wieder ungewiss erscheinen lassen.

Wirtschaft

Nach dem Niedergang der wallonischen Kohle- und der Stahlindustrie seit den 1960er-Jahren hat sich innerhalb des Landes ein umfassender Strukturwandel vollzogen. In Limburg und Ostflandern haben sich Betriebe angesiedelt, deren Schwerpunkt auf neuen Technologien liegt: Software, Elektronik und Biochemie. Antwerpen ist nicht nur eine der bedeutendsten Hafenstädte der Welt, sondern auch das Zentrum der chemischen und Erdöl verarbeitenden Industrie. Ein weiterer bedeutender Erwerbszweig ist die Verarbeitung von Diamanten. Vier Diamantenbörsen verhelfen Antwerpen zum Ruhm eines Welthandelszentrums für die edlen Steine. Seit einigen Jahren ist zudem die Kreativität junger Modemacher und Designer ein spürbarer Wirtschaftsfaktor der Hafenstadt. Auch wenn die Landwirtschaft bei den Beschäftigtenzahlen und beim Bruttoinlandsprodukt eine relativ geringe Rolle spielt, hat der stark intensivierte Gemüseanbau traditionell eine wichtige Bedeutung im Agrarsektor. Nicht weniger als ein Viertel des Landes wird landwirtschaftlich genutzt.

Bevölkerung und Sprache

»Belgier«, lautet ein geflügeltes Wort, »gibt es gar nicht.« Die Bevölkerung von 10,8 Mio. zerfällt – nahezu wörtlich – in die Niederländisch sprechende Gruppe der Flamen und die französischsprachige Gruppe der Wallonen; hinzu kommen knapp 1 % deutschsprachige Belgier in den Ostkantonen.

Ein hoher Anteil an Einwanderern (8 % aus 114 Ländern) trägt ebenso zum Sprachengemisch bei. Doch der komplexe Sprachenstreit wird ausschließlich zwischen Wallonen und Flamen ausgetragen › S. 28.

Diamanten aus Antwerpen

Geschichte im Überblick

1. Jahrtausend v. Chr. Keltenstämme besiedeln Westeuropa.

57 v. Chr. Cäsars Soldaten unterwerfen die Gallier, darunter den Stamm der »Belgae«. Gründung der Provinz Gallia Belgica.

3.–5. Jh. Die Franken queren den Rhein und besiedeln Gallien. Die Christianisierung beginnt.

721 Gründung des Bistums Lüttich.

843 Teilung des Frankenreiches. Die Schelde teilt Flandern von der Wallonie, die nun zu »Lotharingien« gehört.

11. Jh. Der Aufbau des Tuchhandels bringt Flandern großen wirtschaftlichen Aufschwung.

1302 In der »Schlacht der Goldenen Sporen« bei Kortrijk besiegen schlecht bewaffnete flämische Bauern, Handwerker und Bürger ein französisches Ritterheer.

1369 Margarethe, die Tochter des letzten Grafen von Flandern, heiratet Philipp den Kühnen von Burgund. Flandern wird burgundisch.

15. Jh. Die Herzöge von Burgund erobern und erwerben das ganze Gebiet des heutigen Belgien: Es folgen wirtschaftlicher Aufschwung und kulturelle Blütezeit.

1425 Die Universität von Löwen (Leuven) entwickelt sich zum europäischen Zentrum für Rechtswissenschaft.

1477 Maria, die Tochter und Erbin des letzten Herzogs von Burgund, heiratet Maximilian von Österreich. Die »Niederen Lande« fallen an die Habsburger.

1541 Mercator zeichnet die erste Landkarte von Flandern.

1555 Karl V. muss nach seiner Niederlage gegen die protestantischen deutschen Fürsten zugunsten seines Sohnes, Philipp II. von Spanien, auf die Niederen Lande verzichten.

1566 Der spanische Herzog von Alba errichtet eine Schreckensherrschaft. Tausende von Protestanten flüchten, das wirtschaftliche und kulturelle Leben verödet.

1579 Die sieben nördlichen protestantischen Provinzen, die heutigen Niederlande, schließen sich in der Utrechter Union zusammen und erklären 1581 ihre Unabhängigkeit.

1648 Westfälischer Friede: Spanien erkennt die Unabhängigkeit der Nordprovinzen an. Belgien bleibt spanisch.

1667 Der französische König Louis XIV. erobert Teile Flanderns und des Hennegaus. Lille wird französisch.

1701–1713 Der Spanische Erbfolgekrieg wütet in Belgien. Im Frieden von Aachen fallen Belgien und Luxemburg an Österreich.

1795 Das revolutionäre Frankreich annektiert Belgien und Luxemburg, die bis zum Sturz Napoleons französisch bleiben.

1815 Letzte Niederlage Napoleons in Waterloo. Die Niederlande und Belgien werden unter Wilhelm I.

von Oranien zum Königreich der Vereinigten Niederlande zusammengefasst.

1830/31 Revolution in Brüssel; Unabhängigkeit Belgiens als neutrales Königreich unter Leopold von Sachsen-Coburg.

1839 Luxemburg erwirbt die Unabhängigkeit.

1881 König Leopold II. erwirbt den Kongo: Belgien wird Kolonialmacht.

1914–1918 Erster Weltkrieg: Deutsche Truppen besetzen Belgien und Luxemburg.

1940–1944 Die Deutsche Wehrmacht besetzt die neutralen Länder Belgien und Luxemburg, die belgische Regierung flieht nach Großbritannien.

1948 Zoll- und Wirtschaftsunion der Beneluxstaaten.

1957 Belgien und Luxemburg gründen zusammen mit Frankreich, Italien, Niederlande und Deutschland die Europäische Wirtschaftsgemeinschaft.

1971 und **1980** Verfassungsreformen zugunsten der beiden Sprachgruppen.

1993 Albert II. besteigt den Thron. Belgien wird Bundesstaat; die drei Sprachgruppen erhalten eigene Parlamente und weitgehende Selbstbestimmungsrechte.

2011 Nach den Parlamentswahlen vom 13. Juni 2010 wird erst im Dezember 2011 der wallonische Sozialist Elio Di Rupio als Ministerpräsident vereidigt: die längste Regierungsbildung aller Zeiten!

2013 Luxemburg wird für zwei Jahre nichtständiges Mitglied des UN-Sicherheitsrats.

Natur & Umwelt

Waldlandschaften, Hügel, Felder und die See

So klein das Land, so mannigfaltig seine Landschaften: Im Südosten, geographisch dem Rheinischen Schiefergebirge zugehörig, erhebt sich das bewaldete Mittelgebirge der Ardennen mit Schluchten und Höhlen. Die Maas, einer der bedeutendsten Flüsse Europas, durchfließt es. Belgiens höchste Erhebungen liegen im Osten, nahe der deutschen Grenze, wo wasserundurchlässige Schieferböden eine weite Hochmoorfläche, das Hohe Venn, geschaffen haben. Die Niederen Ardennen, durch die Landschaftsnamen Condroz, Famenne und Herveland markiert, schließen sich mit ihren hügeligen Hochflächen im Westen an – eine milde, fruchtbare Landschaft mit Feldern und Obstbaumplantagen. Im Südwesten, in der Borinage, hat man die Erde auf der Suche nach Steinkohle schon im vorletzten Jahrhundert aufgerissen. Nach Norden hin breiten sich die ebenfalls hügeligen Landstriche Südbrabants und des Haspengaus aus, mit ihren schweren Lehmböden außerordentlich fruchtbare Gebiete. Karger wird das Bild in der welligen Heidelandschaft des Kempenlandes an der Grenze zu den Niederlanden.

Die Aufforstung und der Ausbau von Bewässerungssystemen haben den Anbau von Feld- und Ackerfrüchten, vor allem aber die Zucht von Schnittblumen möglich gemacht. Nach Westen zu gehen die Hügel Mittelbelgiens über in das offene Tiefland Westflanderns mit weiten, von kleinen Entwässerungskanälen durchzogenen Wiesenflächen. Der 67 km lange Sandstrand mit bis zu 30 m hohen Dünen schließt das Land zur Nordsee hin ab.

Natur

Ursprüngliche Natur ist in der dicht besiedelten Kulturlandschaft Belgiens rar geworden. Ausufernde Ballungsgebiete, Industrieansiedlungen und intensive Landwirtschaft haben ihren Tribut gefordert. Nur an wenigen Stel-

SEITENBLICK

Der Sprachenstreit

Der schwer lösbare Konflikt zwischen Flamen und Wallonen, der bereits mehrere belgische Regierungen zu Fall brachte, reicht weit in die Geschichte des Landes zurück: Während der Blütezeit Flanderns und Brabants, also bis ins 16. Jh., war Niederländisch die Sprache der wohlhabenden Kaufleute, der Handwerker und der Gebildeten. Im Verlauf der Religionskriege flüchteten viele der meist flämischen Protestanten. Die flandrischen Landstriche verwaisten, die zurückbleibende Bevölkerung verfiel nach und nach in ihre alten, regional gefärbten Dialekte. Lesen und Schreiben, einst eine Selbstverständlichkeit, war bald nur noch einer Minderheit geläufig. Mittlerweile waren die wallonischen Regionen durch die Kohlevorkommen wirtschaftlich zu Macht gelangt. Französisch wurde zur Herrschaftssprache. Auch die nationale belgische Revolution 1830 wurde von den Frankophonen getragen.

Erst Schriftsteller wie Guido Gezelle (1830–1899) und Hendrik Conscience (1812–1883) weckten wieder das Bewusstsein der Flamen für ihre kulturelle Identität. Diese Autoren vereinten die bäuerlich gefärbten Dialekte zu einer Schriftsprache, und gegen viele Widerstände errang das Flämische den Status einer gleichberechtigten Landessprache.

Seitdem die flämischen Landesteile die wallonischen auch wirtschaftlich überflügelten, haben sich die Machtverhältnisse umgekehrt. Die Flamen sehen sich als eigentliche Träger der belgischen Wirtschaftskraft. Vor allem populistische Parteiprogramme versuchen mit der Forderung, der Wallonie die Subventionen zu kürzen, zu punkten. Am deutlichsten tritt das Sprachenproblem in der Region Brüssel zutage. In der Stadt spricht man Französisch, im Umland Flämisch. Doch mit jeder Familie, die aus der Stadt hinaus ins Grüne zieht, ändert sich die alt hergebrachte Sprachlandschaft.

Bei aller politischen Zwietracht: Im Alltag spielt der Streit oft keine Rolle. Vor allem in Brüssel wechseln viele mühelos vom Niederländischen ins Französische – in die andere Richtung gibt es allerdings mehr Probleme.

len, streng geschützt und sorgfältig aufbereitet, ist noch ein letzter Rest Natur zu besichtigen, so etwa im Hochmoor Hohes Venn mit seiner einzigartigen Vegetation, in der Heidelandschaft des Nationalparks Hoge Kempen im Nordosten Flanderns, im Vogelschutzgebiet Het Zwin bei Knokke oder in einigen Teilen der Ardennen, wo noch Wildschweine, Rehe und manchmal sogar ein kapitaler Hirsch durch die Wälder streifen.

Eine Sprache, die jeder versteht …

Kunst & Kultur

Romanik und Gotik

In und um Lüttich, dem ersten Bistum des Landes, wurden bereits um das Jahr 1000 hochrangige Kunstwerke geschaffen wie das Taufbecken der Kirche St. Barthélémy, das Renier de Huy 1115 goss.

Ein herausragendes Bauwerk der Romanik ist die Kathedrale von Tournai (1141), deren fünf Türme bereits im Stil der Gotik errichtet wurden. Elegant in die Höhe wachsende Bündelpfeiler, ausgeklügeltes Strebewerk und große Fenster, die die hohen Räume in farbiges Licht tauchten, sind die Merkmale vieler nachfolgender Gotteshäuser u. a. in Brüssel, Antwerpen und Mechelen. Der in Flandern hervorgebrachte Flamboyantstil war auch für Profanbauten wie geschaffen. Die Rathäuser in Leuven und Oudenaarde sind die berühmtesten Beispiele dafür. Auch Tuch- und Fleischhallen wuchsen im neuen Stil empor.

Die Welt der schönen Bilder

Im 15. Jh. entstanden die Tafelbilder Rogier van der Weydens, Jan und Hubert van Eycks (Genter Altar) und Hans Memlings. Sie bestechen durch ein neues Verhältnis zur Realität, minutiöse Landschaftsdarstellungen und ausdrucksstarke Gesichter. Wohlhabende Städte stellten nun Stadtmaler an, die zu festgelegten Bedingungen für sie arbeiteten. Es entstand erstmals ein regelrechter Markt für Gemälde.

In Oudenaarde, Brüssel und Tournai entwickelte sich, begünstigt durch die Großaufträge der Herzöge von Burgund, die Bildweberei. Messingarbeiten aus Dinant, sog. »Dinanderien«, waren als Leuchter, Taufbecken und Lesepulte begehrt.

Peter Paul Rubens (1577–1640)

Renaissance und Barock

Im 16. Jh. überflügelte Antwerpen als Warenumschlagplatz die Weltstadt Brügge. In den gebildeten Schichten verbreitete sich das Ideengut des Humanismus – u. a. durch die Bücher des Antwerpener Druckhauses Plantin. Das Rathaus von Antwerpen war das erste Gebäude im Stil der flämischen Renaissance: Giebel und Säulen, Obelisken und Kartuschen gliederten die Fassaden der Repräsentationsbauten. Der bedeutendste Maler jener Zeit war der in Antwerpen und Brüssel lebende Pieter Brueghel der Ältere (ca. 1525–1569).

Es war aber auch eine Epoche des Umbruchs. Protestantischer Bildersturm, Unabhängigkeitskriege und französische Besatzung hinterließen geplünderte Kirchen, die im 17. Jh. barock neu ausgestattet wurden. Der Marktplatz von Brüssel ist ein großartiges Beispiel barocken Städtebaus. Peter Paul Rubens richtete in Antwerpen sein Atelier ein und befruchtete die europäische Kunst.

Vom Historismus bis zur Gegenwart

Nach einer Epoche des wirtschaftlichen und künstlerischen Niedergangs verlangte erst Ende des 19. Jhs. der neu geschaffene belgische Staat wieder nach repräsentativen Prachtbauten. Der Historismus, der Versatzstücke früherer Stile neu mixte – exemplarisch am Brüsseler Justizpalast zu studieren – kam diesem Bedürfnis entgegen. Zugleich entstanden kapriziöse Jugendstilbauten, die von Architekten wie Victor Horta (1861–1947) bis ins letzte Detail ausgestaltet wurden.

In der Malerei des 20. Jhs. feierte der Surrealismus von René Magritte und Paul Delvaux Triumphe; einzigartig sind die Werke von James Ensor. In der Literatur sind Schriftsteller wie Maurice Maeterlinck (Literaturnobelpreis 1911), Georges Simenon oder Hugo Claus hervorzuheben. Jacques Brel mit seinen Chansons sei stellvertretend für die Musikszene des 20. Jhs. genannt.

Einen besonderen Beitrag zur bildenden Kunst leistet Belgien etwa seit dem Jahr 1930: Die »Bandes Dessinées«, kurz »BD« genannt und mit »Comics« nur unzureichend übersetzt, haben eine neue Kunstgattung hervorgebracht, die Millionen von Lesern gewonnen hat – die Sprache der Bilder scheint ein einigendes Band in diesem vom Sprachenstreit zerrissenen Land zu sein. Mit Helden wie Gaston von André Franquin oder Spirou und Fantasio von Rob-Vel/Jijé etablierte sich die franco-belgische Schule des Comic-Zeichnens. Sie hat Hergé (Tim und Struppi), Morris (Lucky Luke), Peyo (Die Schlümpfe) und Schuiten/Peeters (Brüsel) hervorgebracht. Im Brüsseler Comic-Museum, dem von Victor Horta geplanten einstigen Nobelkaufhaus Maison Waucquez, kann man sich Originalentwürfe und Raritäten sowie Zeichentrickfilme ansehen (20, rue des Sables; Di–So 10–18 Uhr, www.cbbd.be).

Feste & Veranstaltungen

Volksfeste, Jahrmärkte, Umzüge und Prozessionen überziehen Belgien von Ostern bis in den Herbst hinein mit bunter Fröhlichkeit. An erster Stelle stehen die religiösen Feste: Die Heilig-Blut-Prozession in Brügge sowie der »Ommegang«, ein farbenprächtiger historischer Umzug über den Brüsseler Großen Markt. Aber auch den Karneval begeht man, und zwar ebenso ausgelassen wie im Rheinland.

Festkalender

Karneval: Umzüge u. a. in Stavelot, Binche, Aalst, Eupen und Malmedy.

Ostern: Am Karfreitag großer **Blumenmarkt** in Tournai.

April: alle fünf Jahre Blumenschau **Floralien** in Gent (2015).

Mai: Ab Mitte Mai präsentiert das **KunstenFESTIVALdesArts** internationale Musik-, Tanz-, Theater- und Opernproduktionen in Brüssel. Letztes Wochenende: **Jazz-Rallye** in Brüssel. Himmelfahrtstag: **Heilig-Blut-Prozession** in Brügge, **Hanswijck-Prozession** in Mechelen.

Juni: Am zweiten Sonntag Umzug mit 15 Riesenfiguren inklusive Blumenkorso und **Festival der Militärmusik** in Tournai.

Juli: Erster Donnerstag **Ommegang** auf der Grand'Place in Brüssel; **Festival Francofolies** in Spa für zeitgenössische Musik aus dem französischen Sprachraum

Mitte Juli: zehn Tage **Gentse Feesten** in Gent, eines der größten Volks- und Folklorefeste Europas; dritter Samstag: **Parade der Riesen** in Wenduine; letzter Sonntag: **Bußprozession** in Veurne.

August: **Sandskulpturenfest** von Zeebrügge; letzter Sonntag: **Riesen-Hochzeit** in Ath; Riesen-Umzug in Dendermonde; **Bogenschützentreffen** am Grote Markt in Oudenaarde. Alle zwei Jahre (2014, 2016 etc.) ziert am 15. Aug. ein **Blumenteppich** die Grand-Place von Brüssel.

September: Erstes Wochenende: **Pestprozession** in Tournai; erster Sonntag: **Open Monumentendag** (»Tag des offenen Denkmals«) in ganz Belgien.

Dezember: Rund um die Brüsseler Grand-Place präsentieren die Länder Europas auf dem **Europäischen Weihnachtsmarkt** in 220 Ständen und Buden ihre typischen Produkte.

Essen & Trinken

Die belgische Küche ist eine gelungene Mischung aus der gehaltvollen großbürgerlichen Küche der wohlhabenden Kaufleute Flanderns und Brabants und französischem Raffinement. Sowohl in Belgien wie in Luxemburg kann man hervorragend speisen. Regionale Spezialitäten werden sorgfältig gepflegt. Schinken aus den Ardennen, frische Muscheln und Krabben können der viel versprechende Auftakt zu einem opulenten Mahl sein. Zum Hauptgang serviert man gern Fisch oder Meeresfrüchte, in der Saison häufig Muscheln in köstlichem Gemüsesud. Kaninchen mit Pflaumen in Senfsoße oder Flämische Karbonade (eine Art Rinderschmorbraten) sind ebenfalls nicht zu verachten.

Im März sind Hopfensprossen eine Delikatesse. Kenner halten sie für noch köstlicher als den Spargel von Mechelen. In den Ardennen und in Luxemburg stehen häufig Forelle oder Wild auf der Karte. Wer Süßes mag, kann in Belgien wahrlich schwelgen.

Die bekannteste Spezialität des Landes sind jedoch die »Frietes«, die am besten in der traditionellen »frietkot« (in der Wallonie: »Friterie«) schmecken. Neben Pommes frites werden dort auch Schaschlik, Kroketten und Fleischbällchen verkauft. Das belgische Nationalgericht wurde übrigens von Maasfischern erfunden, die im Winter mangels der üblichen kleinen Fische Kartoffelschnitze ins heiße Fett warfen.

Überreich ist das Angebot an Biersorten, wobei ähnliche Geschmacks- und Qualitätsunterschiede gelten wie anderswo beim Wein. Im luxemburgischen Moselgebiet wird ein hervorragender trockener Weißwein gekeltert.

Erst-klassig

Die interessantesten Restaurants

- **Comme chez soi**
  Eine Brüsseler Institution mit traditionsbewusster, dennoch fantasievoller Küche. › S. 46
- **La Bergerie**
  Charmantes Lokal an der Maas, solide belgische Küche mit vielen Produkten aus eigener Herstellung. › S. 67
- **De Karmeliet**
  In Brügge pflegt der renommierte Geert van Hecke einen sehr persönlichen Kochstil mit ungewöhnlichen Kombinationen. › S. 104
- **Hof van Cleve ●●●**
  Gehobene Küche mit exquisiten Zutaten in einem restaurierten Bauernhaus bei Oudenaarde. Reservierung über die Website.
  Riemegemstr. 1
  9770 Kruishoutem
  www.hofvancleve.com
- **Héliport ●●●**
  Grand Cuisine am Ufer der Maas im Ambiente einer Luxusjacht.
  7, Esplanade Albert I.
  4000 Liège
  Tel. 04/252 13 21
  www.restaurantheliport.be

SPECIAL

Belgische Braukunst

Lieben Sie ihr Bier frisch und herb, malzig-süß oder kräftig-bitter, mit Koriander oder mit Kirschen? Jeder Getränkemarkt in Belgien ist ein Bier-Schlaraffenland, jede Straßenkneipe ein kleines Paradies. Wer die mehr als 500 Sorten durchprobieren möchte, müsste Monate im Land verbringen.

Wie jedes Bier bestehen auch die belgischen Klassiker aus Hopfen, Malz und Wasser. Höchst unterschiedlich sind jedoch die Feinrezepturen der jeweiligen Braumeister. Entscheidend für Farbe und Aroma ist das Malz, die Hefe steuert den Gärprozess, und der Hopfen ist sowohl für die Konservierung als auch für eine feste Blume ausschlaggebend. Dazu gesellen sich, je nach Sorte, verschiedene natürliche Aromastoffe wie Gewürze, Früchte oder Kräuter (Homepage der Konföderation der Brauereien Belgiens: www.beerparadise.be).

Zunft der Bierbrauer

Rund 30 Betriebe der Vereinigung der belgischen Brauereien präsentieren jeden September auf der Grand-Place in Brüssel ihre neuesten süffigen Kreationen (www.belgianbrewers.be, unter Evènements). Ganzjährig steht das **Brauereimuseum** offen.

- **Belgian Brewers**
  10, Grand Place
  1000 Brüssel
  Tel. 02/511 49 87
  tgl. 10–17 Uhr

Biermuseen und Schaubrauereien

Immer noch besitzen viele Orte ihre eigenen Brauereien. Und selbstverständlich endet jede Besichtigung mit einer ausführlichen Bierprobe in der hauseigenen Brasserie.

- **Dampfmaschinenbrauerei**
  1, rue du Maréchal
  7904 Pipaix en Hainaut

Tel. 069/66 20 47
www.vapeur.com
Letzter Sa im Monat 9–19 Uhr

- **Brasserie des Bocqs**
  Rue de la Brasserie
  5330 Purnode
  Tel. 082/61 07 80
  www.bocq.be
  Führungen auf Anfrage
- **Bières de Chimay**
  8, rte Charlemagne
  6464 Bailleux-Chimay
  Tel. 060/21 03 11
  www.chimay.com
  Führungen tgl. 10 und 14 Uhr
- **Brasserie Caracole**
  86, Côte Marie-Thérèse
  5500 Falmignoul
  Tel. 082/74 40 80
  www.brasserie-caracole.be
  Juli/Aug. tgl. 13–19, sonst
  Sa 14–19 Uhr
- **Brasserie Cantillon**
  56, rue Gheude
  1070 Bruxelles
  Tel. 02/521 49 28
  www.cantillon.be
  Mo–Fr 8.30–17,
  Sa 10–17 Uhr

Gueuze-Tour

Stadtrundgänge zum Thema »Brüsseler Bier« (in der Regel auf Französisch) inklusive eines traditionellen Essens bietet das Zentrum für Wirtschafts- und Sozialgeschichte La Fonderie in Molenbeek an. Angeschlossen ist auch ein Museum.

- **La Fonderie**
  27, rue Ransfort
  1080 Bruxelles
  Tel. 02/410 99 50
  www.lafonderie.be

Abtei für Genießer

In den Gewölbesälen der Prämonstratenserabtei **Floreffe**, 17 km südwestlich von Namur, werden zu den hausgebrauten Bieren auch Käse, Pasteten und Forellen aus eigener Produktion serviert.

- **Abbaye Floreffe**
  7, rue du Séminaire
  5150 Floreffe
  Tel. 081/44 53 03
  www.abbaye-de-floreffe.be

Gerstensaft-Spezialist

Gut 300 Biersorten und einen Wirt, der als Experte für belgischen Gerstensaft im ganzen Land bekannt ist, findet man in **'t Brugs Beertje**.

- **'t Brugs Beertje**
  Kemelstraat 5
  8000 Brügge
  www.brugsbeertje.be
  tgl. außer Mi ab 16 Uhr

Kleines Bierlexikon

- **Bière des Ours:** Mit Honig aromatisiertes »Bären-Bier« aus Binche.
- **Blanche/Witbier:** Junges, ungefiltertes Weizenbier, meist mit Koriander und Orange aromatisiert. Bekannteste Marke: Hoegaarden
- **Lambic/Lambiek:** Diesem nur in Brüssel gebrauten Bier wird keine Hefe zugesetzt, der Gärvorgang kommt spontan zustande.
- **Geuze:** Leichtes, süffiges Lambic, typisch säuerlicher Geschmack.
- **Kriek:** Ein Lambic-Bier, dem während der Reife Kirschen zugesetzt werden.
- **Trappistbier:** Untergäriges, dunkles Spezialbier nach traditioneller Klosterrezeptur.

Shopping

Zum Shoppen nach Belgien? Aber ja! Gerade »followers of fashion« werden hier auf jeden Fall fündig. Ein besonderer Besuchermagnet ist dabei Maasmechelen Village, ein großes Outlet Center in der Nähe von Genk (Provinz Limburg), in dem alle gängigen internationalen Marken vertreten sind (www.maasmechelenvillage.com). Wer es lieber authentisch mag, ist in Antwerpen gut aufgehoben. Die dortige Hochschule für Mode und das Flanders Fashion Institute bringen seit vielen Jahren aufregende Designer hervor – viele sind rund um das Modemuseum MoMu zu finden. Auch Brüssel kann in puncto Mode und Design Interessantes bieten. Vor allem in der Rue Dansaert ballen sich Boutiquen, Möbeldesigner und Vintage-Läden.

Edlen Schmuck mit echten Steinen erwirbt man in Antwerpen, dem Weltzentrum des Juwelenhandels bei den Juwelieren zwischen Bahnhof und Stadtpark. Man sollte auf das Qualitätslabel ADJA (Antwerp Diamond Jewellers Association, www.adja.be) achten.

Feinschmecker haben eigene Ziele: Sie kaufen extrascharfen Senf in Gent, deftige Wurstwaren und aromatischen Schinken in den Ardennen, besuchen die Klostermeiereien auf der Suche nach duftenden Käsesorten oder schlagen auf den Wochenmärkten bei den *Charcutiers,* den Metzgern zu: scharf gewürzte *Merguez* aus Nordafrika, sanft schmelzende *Boudin noir,* Blutwurst oder gar die ominöse *Andouillette,* die aus Kutteln zusammengedreht ist.

Süßschnäbel verfallen handgemachten Pralinen oder edlen Schokoladen aus der örtlichen Confiserie bzw. genauso den unwiderstehlichen Werken der Konditorenkunst – besonders gute finden sich übrigens in Veurne in den Bäckereien am Marktplatz.

Die besten Chocolatiers

Erst-! klassig

Der Apotheker Jean Neuhaus erfand 1912 die Praline. Seither ist so mancher den zart schmelzenden kleinen Kunstwerken verfallen. Belgische Chocolatiers verführen mit immer neuen, exquisit präsentierten Varianten. Ein paar klassische Adressen:

- **Neuhaus**
  www.neuhaus.be › S. 47
- **Burie**
  Korte Gasthuisstraat 3
  2000 Antwerpen
  www.burie-chocoladepralines-antwerpen.be
- **The Chocolate Line**
  S. Stevinplein 19
  8000 Brügge
  www.thechocolateline.be
- **Wittamer**
  6, place du Grand Sablon
  1000 Brüssel
  www.wittamer.com
- **Chocolatier L. van Hoorebeke**
  Sint-Baafsplein
  9000 Gent
  www.chocolatesvanhoorebeke.be

TOP-TOUREN IN BELGIEN UND LUXEMBURG

Der Jan van Eyckplein am alten Hafen zählt zu Brügges schönsten Plätzen

***Brüssel

Das Beste!

- Einen Kaffee auf der Grand-Place trinken und die prachtvollen Fassaden rundherum genießen › S. 42
- Einen Streifzug durch die Jugendstil-Viertel Ixelles und St-Gilles unternehmen › S. 40
- Abenteuer für Ohren und Augen im Musikinstrumentenmuseum erleben › S. 45
- Um ein kurioses Mitbringsel auf dem Flohmarkt in den Marollen feilschen › S. 46
- Auf den Fassaden der Innenstadt mindestens zehn Comic-Helden ausfindig machen › S. 42

Weltstadt seit dem Mittelalter, Wissenschaftszentrum und Schaltzentrale Europas: Brüssel hat es in sich. Es bietet prunkvolle Architektur, reiche Museen, malerische Plätze, exzellente Theater und kulinarische Überraschungen.

Brüssel ist nicht groß: Wer gut zu Fuß ist, kann die meisten Strecken laufen. Das Zentrum wird nach seiner Form »Pentagone« genannt, Fünfeck. Hier liegt das Herz Brüssels, die Grand-Place, umgeben vom Gewirr kleiner Gassen, in denen sich Restaurants und Kneipen drängen. Nordwestlich davon durchtrennt ein Boulevard das Zentrum und verbindet den Nord- mit dem Südbahnhof. Jenseits davon beginnt, rund um die Kirche Ste.-Cathérine sowie entlang des alten Fischmarkts, ein Schlemmerparadies.

Südöstlich der Grand-Place führt eine Treppe hinauf zur Oberstadt mit den repräsentativen Bauten entlang der Rue Royale. Auch die ebenso eleganten wie gemütlichen Plätze Grand Sablon und Petit Sablon liegen hier. An der Südspitze des Fünfecks erhebt sich der gewaltige Justizpalast, zu seinen Füßen das alte Arbeiterviertel Marollen.

Gleich außerhalb des Fünfecks führt die Avenue Louise mit ihren exklusiven Modegeschäften nach Süden, zum Bois de la Cambre, dem bevorzugten Naherholungsgebiet der Brüsseler. Östlich der Avenue beginnt das Jugendstilviertel Ixelles, dahinter liegt die etwas pompöse Anlage des Jubelparks/Cinquantenaire. Von dort stadtauswärts überwuchern die Behörden und Kommissionen der EU die alten Viertel.

Am nördlichen Stadtrand liegt das Viertel Heysel mit dem in neuem Glanz erstrahlenden Atomium. In Laeken gleich nebenan hat der belgische König seine Residenz.

Oben: Alle Jahre mit gerader Zahl wird die Grand-Place mit Blumen bedeckt
Links: Das Atomium, erbaut für die Weltausstellung 1958

Touren in der Stadt

Tour 4 Ein Wochenende in Brüssel

Tour-Übersicht:

Verlauf: **Grand-Place › Manneken Pis › Galéries St-Hubert › Oberstadt › Atomium › Fischmarkt › Ilôt Sacré › Grand Sablon**

Dauer: 3 Tage

Praktische Hinweise:

- Mit der Brussels Card hat man freie Fahrt mit allen Verkehrsmitteln, freien Eintritt in über 30 Museen und Rabatt in diversen Restaurants, Bars und Geschäften. Sie gilt ein, zwei oder drei Tage (24, 34 oder 40 €) und ist beim Infobüro, an den großen Verkaufsstellen der Metro und in einigen Museen erhältlich (www.brusselscard.be).

Tour-Start:

Der erste Weg am Freitag Nachmittag sollte Sie auf jeden Fall auf die ***Grand-Place › S. 42 führen, den Empfangssalon der Stadt. Streifen Sie dann ein wenig durch die umliegenden Gassen, besuchen Sie **Manneken Pis** › S. 42, flanieren Sie durch die **Galéries St-Hubert** › S. 44. Unterwegs finden Sie garantiert ein Restaurant, das Ihnen zusagt.

Am nächsten Tag erkunden Sie die Oberstadt. Dabei steht Ihnen die Qual der Wahl eines Museumsbesuchs auf dem **Mont des Arts › S. 44 bevor. Am Nachmittag könnte eine Shoppingtour oder ein Abstecher zum *Atomium › S. 46 folgen, und am Abend, vielleicht nach einem Hummergelage am Fischmarkt, eine Tour durch die Kneipen und Bars der Ilôt Sacré, der Altstadt.

Am Sonntag ist ein Besuch auf einem der Märkte ein Muss: Auf der **Place du Jeu de Balle** › S. 46 geht es volkstümlich, auf dem **Grand Sablon** › S. 45 eher elegant zu, aber auch der Lebensmittelmarkt am Gare du Midi mit exotischen Gewürzen hat seine Reize.

Tour 5 Jugendstiltour durch Ixelles und St-Gilles

Tour-Übersicht:

Verlauf: **Musée Horta › Maison Hannon › Les Hiboux › Hôtel Ciamberlani › Hôtel Janssens › Haus Hankar › Hotel Tassel › Hôtel Solvay**

Dauer: 3–4 Stunden

Praktische Hinweise:

- Das Musée Horta (Di–So 14 bis 17.30 Uhr) erreicht man mit den Straßenbahnlinien 81, 92, 97 (bis Stop Janson) und Bus Nr. 54.
- Das Maison Hannon ist Mi–Fr 11–18, Sa–So 13–18 Uhr geöffnet.
- Die anderen Häuser sind Wohnhäuser und nur von außen zu besichtigen.

Tour-Start:

Zu Beginn des 20. Jhs. präsentierte sich Belgien eines der innovativsten Länder Europas, und die zu Wohlstand gekommenen Fabrikanten gingen auch als Bauherren neue Wege. Victor Horta war der maßgebliche Architekt des angesagten Stils Art nouveau, die UNESCO ehrt seine Bauten als Weltkulturerbe. Er und seine Kollegen bauten fantasievolle, bis ins letzte Detail ausgetüftelte Häuser. An seinem Wohnhaus, dem ***__Musée Horta__ 15, beginnt der Spaziergang durch die Straßen zwischen Avenue Louise und Avenue Brugman/Chaussée de Charleroi. Das **Maison Hannon** 16 ist heute ein Museum für Fotografie, nicht weit davon errichtete Edouard Pelseneer das Haus **Les Hiboux** 17 mit den netten Eulen.

Von dort aus geht es in die Rue Defacqz mit den Häusern **Hôtel Ciamberlani** 18, **Hôtel Janssens** 19 und dem **Haus von Paul Hankar** 20. Das ***__Hôtel Tassel__ 21 zählt zu den schönsten Wohnhäusern Hortas, das ***__Hôtel Solvay__ 22 ist das größte und luxuriöseste.

Wichtige Adressen

- **Touristeninformationsbüro Hôtel de Ville**
  2–4, rue Royale
  Tel. 02/563 63 99
  www.visitbrussels.be
  tgl. 9–18, im Winter So 10–14 Uhr
- Die öffentlichen Verkehrsmittel unterstehen der Gesellschaft **STIB.**
  Informationen unter:
  Tel. 070/23 20 00
  www.stib.be

Verkehrsmittel

Den Großraum erschließen Metrolinien von Ost nach West, Straßenbahnen (teils im Tunnel) sowie Buslinien. Sie verkehren von 6 Uhr früh bis Mitternacht.

Jugendstilbauten in Brüssel

Erst-! klassig

- Das **Haus des Malers Saint-Cyr** ist ein nur 4 m schmales, verspieltes Bauwerk (11, square Ambiorix).
- Das **Palais Stoclet** hat der österreichische Architekt Josef Hoffmann im Stil der Wiener Sezession errichtet.
  281, avenue de Tervuren
- Im **Kaufhaus Waucquez** ist das Centre Belge de la Bande Dessinnée (Comicmuseum) beheimatet.
  20, rue des Sables
  Di–So 10–18 Uhr
- Im exzentrischen **Old England** am Mont des Arts wurden einst Stoffe verkauft, heute ist hier das Musikinstrumentenmuseum untergebracht › S. 45.
- Die Fassade des **Cauchie-Hauses** schmückt ein riesiges Sgraffitobild.
  5b, rue des Francs
- Im **Haus Autrique** werden mit raffinierten audiovisuellen Mitteln die früheren Bewohner des Gebäudes zum Leben erweckt.
  266, chaussée de Haecht
  Mi–So 12–18 Uhr
- Im **Café La Porteuse d'Eau** trinkt man sein Bier in original erhaltenem Jugendstilambiente.
  48a, avenue Jean Volders
- Die Bänke in der Bar **De Ultieme Hallucinatie** hat Henry Van de Velde entworfen.
  316, rue Royale

› Karte S. 43

Unterwegs in Brüssel

1 Im Zentrum

***Grand-Place / Grote Markt 1

Einer der prächtigsten Plätze der Welt, als UNESCO-Weltkulturerbe ausgezeichnet, bildet das Herz der Stadt. Hier stand schon im 13. Jh. eine Tuchhalle, hier wurden Feste gefeiert, Turniere abgehalten und Gerichtsurteile vollstreckt. Nach Zerstörung durch die französischen Truppen 1695 wurden die Zunft- und Gildehäuser rund um den Platz mit seinen stattlichen Ausmaßen (110 x 70 m) in fünfjähriger Bauzeit umso prächtiger wiederhergestellt. Die vielfenstrigen Fassaden, mit Girlanden und Figuren verziert und von fantasievollen Giebeln gekrönt, fügen sich harmonisch aneinander.

Die Nordwestseite flankiert das gotische Rathaus ****Hôtel de Ville/ Stadhuis** 2 (1449) mit seinem 96 m hohen Turm. Die Skulpturen der Fassade stellen Größen der Stadtgeschichte dar. Das Innere birgt eine Sammlung Brüsseler und Mechelner Gobelins des 16., 17. und 18. Jh.

Direkt gegenüber stand einst das Zunfthaus der Bäcker (Broodhuis), später die ***Maison du Roi** 3 (Haus des Königs) mit dem Sitz des Gerichts. Heute residiert hier das ***Stadtmuseum**. Es präsentiert neben Objekten zur Geschichte auch die ca. 600 Stücke der Kostümsammlung des Manneken Pis (Di–So 10–17, Do bis 20 Uhr, Führung nach Vereinbarung; Tel. 02/279 43 50).

Manneken Pis 4

Die kleine Brunnenfigur aus dem 17. Jh. ist das prominenteste Symbol der Stadt. Seit Jahrzehnten bringen ihm Staatsbesucher und andere Offizielle Anzüge in ihrer Landestracht oder Mini-Uniformen als Gastgeschenk mit.

*Bourse 5

Die Brüsseler Börse stieg im 19. Jh. zum Brennpunkt des wirtschaftlichen Geschehens der Stadt auf. Mit den korinthischen Säulen, der mächtigen Kuppel und den allegorischen Darstellungen von Handel, Industrie und Seefahrt setzt der Tempel des Geldes einen wirkungsvollen Kontrapunkt zum barocken Marktplatz.

1 Grand-Place/Grote Markt
2 Hôtel de Ville/Stadhuis
3 Maison du Roi/Broodhuis
4 Manneken Pis
5 Bourse
6 St. Nicolas (Sint Niklaaskerk)
7 Rue des Bouchers (Beenhouwersstraat)
8 Cathédrale St-Michel/ Sint-Michielskathedraal
9 Palais du Roi/Koninklijk Paleis
10 Musées Royaux des Beaux Arts
11 Musée des Instruments de Musique
12 Palais de Justice/Justitiepaleis
13 Notre-Dame-du-Sablon/ Onze Lieve Vrouw op de Zavel
14 Die Marollen
15 Musée Horta
16 Maison Hannon
17 Les Hiboux
18 Hôtel Ciamberlani
19 Hôtel Janssens
20 Haus von Paul Hankar
21 Hôtel Tassel
22 Hôtel Solvay

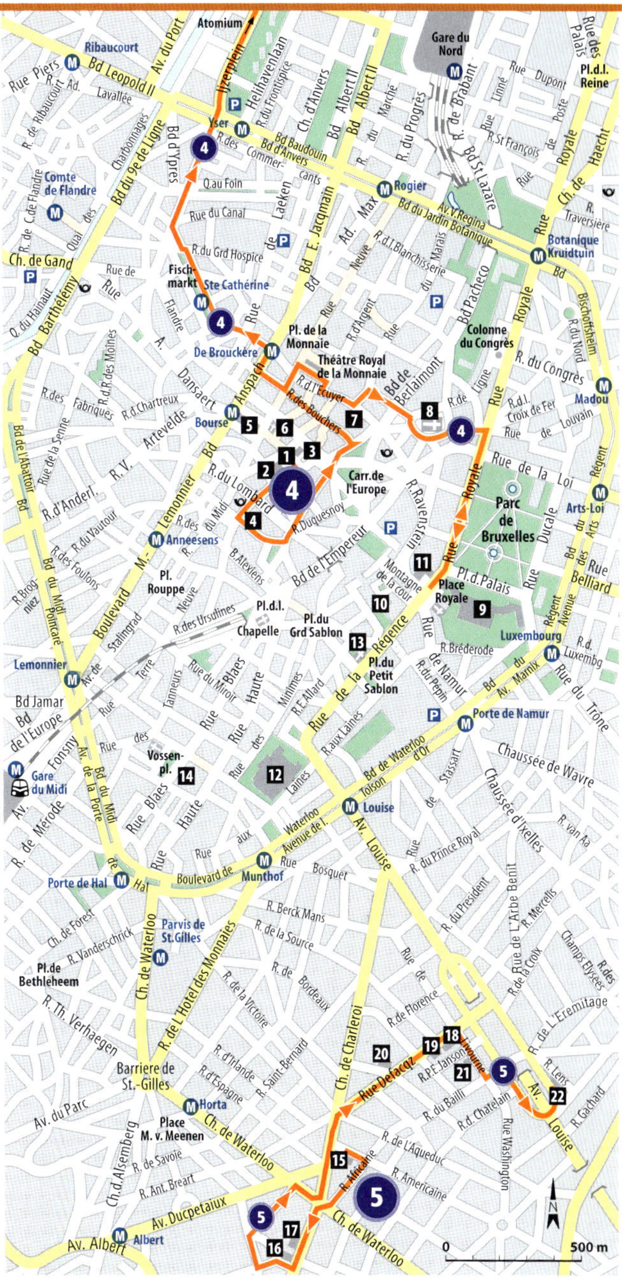
Atomium
Ribaucourt
Gare du Nord
Yser
Rogier
Comte de Flandre
Botanique Kruidtuin
Fischmarkt
Ste Cathérine
De Brouckère
Pl. de la Monnaie
Théâtre Royal de la Monnaie
Bourse
Colonne du Congrès
Madou
Carr.de l'Europe
Parc de Bruxelles
Arts-Loi
Anneesens
Pl. Rouppe
Place Royale
Pl.d.l. Chapelle
Pl.du Grd Sablon
Pl.du Petit Sablon
Luxembourg
Lemonnier
Porte de Namur
Gare du Midi
Vossenpl.
Louise
Munthof
Porte de Hal
Parvis de St.Gilles
Pl.de Bethleheem
Barriere de St.-Gilles
Horta
Place M. v. Meenen
Albert
Pl.d.l. Reine
0
500 m

Das frühere Jugendstilkaufhaus Old England

St. Nicolas / Sint Niklaaskerk 6

Bescheiden dagegen nimmt sich die Kirche St-Nicolas aus, die sich die Kaufleute an der Wende vom 11. zum 12. Jh. errichten ließen. Die Häuschen, die sich an die Kirchenmauer lehnen, verleihen dieser Ecke altertümliches Flair.

Rue des Bouchers / Beenhouwersstraat 7

Hinter dem Marktplatz wird es auch kulinarisch interessant. Seinen Beinamen »Bauch von Brüssel« verdankt das Viertel den zahlreichen Restaurants mit ihren farbenprächtigen Auslagen.

Erst-! klassig

Die Galeries St-Hubert / Sint-Hubertus-Galerijen vereint die Galerie du Roi und die Galerie de la Reine. Europas erste überdachte Ladenstraße von 1846 beherbergt bis heute Cafés und elegante Geschäfte wie die Confiserie Neuhaus › **S. 47**.

*Cathédrale St-Michel / Sint-Michielskathedraal 8

Am Westhang der Oberstadt ragt die in Brabanter Gotik erbaute Kathedrale auf. Die mächtigen, 69 m hohen Türme wurden nicht vollendet. Im Inneren schmücken lebensgroße Apostelfiguren und eine Barockkanzel aus dem Jahr 1669 das Mittelschiff.

Palais du Roi / Koninklijk Paleis 9

In der Mitte des 19. Jhs. errichteten und später erweiterten Residenz kann man Sammlungen von Glas, Porzellan und Silber bestaunen. Nebenan dokumentiert das **Museum Belvue** die Geschichte des erst 1830 gegründeten Königreichs Belgien (Di–Fr 10–17, Sa, So 10–18 Uhr, www.belvue.be). Auch die unterirdischen Gänge des im Jahr 1731 abgebrannten Ancien Palais, des alten Palastes, sind zugänglich (www.coudenberg.com).

**Mont des Arts / Kunstberg

2

Drei Museen präsentieren rund um die Place Royale ihre Schätze: In den beiden Musées Royaux des Beaux Arts 10 glänzt das Museum für Alte Kunst vor allem mit dem Brueghel-Saal, mit Gemälden von Rubens, Jordaens und Van Dyck sowie mit Skulpturen aus dem 19. Jh. Das Museum für Moderne Kunst zeigt während der Umbauarbeiten (voraussichtl. bis 2014) im Patio eine Auswahl aus seiner Sammlung belgischer Malerei und Skulptur des 20. Jhs. sowie Kunst der Gegenwart

Erst-! klassig

(Di–So 10–17 Uhr; www.fine-arts-museum.be).

Das benachbarte **Musée des Instruments de Musique (MIM)** 11 nutzt für seine opulente Ausstellung von historischen und modernen Instrumenten das frühere Jugendstilkaufhaus Old England (Di–Fr 9.30–17, Sa/So 10–17 Uhr; www.mim.be). **Erst-! klassig**

Der Kunstberg umfasst auch die **Bibliothèque Royale Albert Ier** mit 2 Mio. wertvollen Bänden (www.kbr.be). Im Zentrum der Place Royale/Koningsplein steht das Reiterstandbild Gottfrieds von Bouillon, des Führers des Ersten Kreuzzugs.

Palais de Justice / Justitiepaleis 12

Unübersehbar im Stadtbild ist der Justizpalast, der größter Monumentalbau des 19. Jhs.. Er wurde nach Plänen des Architekten Poelaert 1866–1883 auf einer Grundfläche von 25 000 m² errichtet. In der riesigen Halle kann man förmlich hören, wie die Mühlen der Gerechtigkeit mahlen (Mo–Fr 8–17 Uhr).

Petit und Grand Sablon

Steigt man zur **Place du Petit Sablon / Kleine Zavel** hinunter, erwartet einen ein beschaulicher Park hinter schmiedeeisernen Gittern. 48 Bronzestatuen stellen die Zunftmeister des 16. Jhs. dar, Ziegel- und Strohdachdecker, Stuhldrechsler, Goldschläger und Stockfischhändler sind vertreten. **Erst-! klassig**

Genau gegenüber erhebt sich die an Kunstwerken reiche gotische Kirche **Notre-Dame-du-Sablon / Onze Lieve Vrouw op de Zavel** 13 aus dem 15. Jh. In einer der barocken Chorkapellen befinden sich Grabmäler von Mitgliedern der Adelsfamilie Thurn und Taxis.

Am Wochenende lockt die von prachtvollen Bauten gesäumte **Place du Grand Sablon / Grote Zavel** mit einem großen Antiquitätenmarkt.

Die Marollen 14

Das ehemalige Arbeiterviertel unterhalb des Justizpalastes mit seinen steilen Treppen und winzigen Geschäften ist ein Paradies für Stöbe-

SEITENBLICK

Aus der Stadtgeschichte

»Bruocsella«, die »Siedlung in den Sümpfen«, an der Handelsstraße Brügge–Köln gelegen und durch den Kanal von Willebroeck mit dem Seehafen Antwerpen verbunden, war schon im Mittelalter ein bedeutender Warenumschlagplatz. 1531 machte Karl V. es zur Hauptstadt der spanischen »Niederen Lande«. 1695 schoss die Armee Louis' XIV. von Frankreich bei ihren Eroberungsversuchen fast die gesamte Unterstadt in Schutt und Asche. Neue wirtschaftliche Bedeutung errang Brüssel nach der belgischen Revolution von 1830/31. Für das junge Königreich errichtete man repräsentative Bauten und restaurierte die Grand-Place. Die Weltausstellung von 1958 verhalf Brüssel zu internationaler Aufmerksamkeit. Im Jahr darauf richteten die EWG, heute EU, und die EURATOM, später auch die NATO hier ihren Sitz ein und machten aus Brüssel so die Verwaltungsmetropole Europas.

› Karte S. 43

Schloss Beersel südlich von Brüssel

rer. Trödel- und Antiquitätenläden ergänzen den täglichen Flohmarkt auf der Place du Jeu de Balles/Vossenplein.

Erst-! klassig

Außerhalb des Zentrums

*Atomium

Dieses Symbol für eine friedliche Nutzung der Kernenergie wurde 1958 im Norden Brüssels errichtet. In den neun Kugeln bietet es u. a. Kinderprogramme, Kunstausstellungen, eine Schau zur eigenen Geschichte und ein Panorama-Restaurant (tgl. 10–18 Uhr, www.atomium.be). Zu Füßen des Atomiums konnte man bis August 2013 im Mini-Europe bedeutende europäische Sehenswürdigkeiten im Miniformat bestaunen. Dieser Freizeitpark muss nun dem Urbanisierungsprojekt NEO weichen, was viele Einwohner empört.

Zentralafrika-Museum

Eine exzeptionelle Masken- und Fetischsammlung ist der Stolz dieses Museums im südlichen Stadtteil Tervuren (Di–Fr 10–17, Sa, So bis 18 Uhr; Tram 44 ab Montgomeryplatz; www.africa museum.be).

Hotels

Amigo ●●●

Renoviertes Innenstadthotel mit stilvoll-modernen klimatisierten Zimmern. Das Restaurant »Bocconi« serviert gehobene italienische Küche.

- 1, rue Amigo
- Tel. 02/547 47 47
- www.hotelamigo.com

Métropole ●●●

Erst-! klassig

Edles Belle-Époque-Hotel nahe der Grand-Place mit Barockstil-Gourmetrestaurant »Alban Chambon«.

- 31, pl. de Brouckère
- Tel. 02/217 23 00
- www.metropolehotel.com

Monty Small Design Hotel ●●–●●●

Erst-! klassig

Schickes kleines Boutiquehotel in guter Lage. Manche Zimmer sind recht klein, die zur Straße eher laut.

- 101, bd. Brand Whitlock
- Tel. 02/734 56 36
- www.monty-hotel.be

La Tasse d'Argent ●–●●

Kleines Familienhotel (8 Zimmer) in der Nähe des Bahnhofs, nicht weit von einem Park.

- 48, rue du Congrès
- Tel. 02/218 83 75

Zwischenstopp: **Restaurants**

Comme chez soi ●●●

Kulinarischer Klassiker mit regionalen Köstlichkeiten in schönstem Ambiente.

- 23, pl. Rouppe

- Tel. 02/512 29 21
- So, Mo, Mi mittags geschl.

Taverne du Passage ●●
Traditionsreiches Restaurant im Artdéco-Stil mit deftiger Küche.
- 30, Galerie de la Reine
- Tel. 02/512 37 31

Brasserie au Roue d'Or ●–●●
Für ihre traditionellen Fisch- und Muschelgerichte beliebte Brasserie.
- 26, rue des Chapeliers
- Tel. 02/514 25 54
- tgl. 12–0.30 Uhr, Juli geschl.

Shopping

Seit 1912 kreiert die **Confiserie Neuhaus,** Galerie de la Reine, feinste Pralinen.
- www.neuhaus.be

Gute Adressen für Antiquitäten sind **Senses Art Nouveau** – Jugendstil
- 31, rue Lebeau und

Francis Janssens van der Maelen – Silber
- 23, rue Ernest Allard

Ausflüge in
Brüssels Süden

Der lichte Buchenwald **Forêt de Soignes/Zonienwoud** am südlichen Stadtrand lockt mit 150 km Fuß- und Radwegen, etlichen Teichen und mehreren Kapellen.

In **Waterloo** unterlag Napoleon am 18. Juni 1815 der Koalition der europäischen Mächte. Der Löwenhügel bietet den besten Überblick. Im Panorama sind die Kombattanten lebensecht nachgebildet, im Besucherzentrum führt ein Film in die Ereignisse der Schlacht ein, die 50 000 Tote und Verletzte kostete. Nach Waterloo fahren täglich Ausflugsbusse (Infos dazu im Touristenbüro › S. 41). Es gibt Kombitickets für geführte Touren und die Museen (Champ de Bataille de Waterloo, 252, rue du Lion, Briane l'Alleud, Tel. 02/385 19 12, www.waterloo1815.be).

Schloss Beersel (14 Jh.) liegt auf einer Insel in der Senne, drei Ecktürme, Zugbrücke und Zinnen verleihen dem Wasserschloss einen wehrhaften Charakter. Beersel erreicht man mit der Bahn Richtung Halle.

Viel behaglicher wirkt dagegen **Schloss Gaasbeek**, dessen Räume mit allen Annehmlichkeiten des 19. Jhs. ausgestattet sind. Nach Gaasbeek verkehrt die Buslinie LK ab Gare du Midi.

SPECIAL

Handeln um jeden Preis

Im Land der angeblich hundert Flohmärkte besitzt der Handel mit Kitsch, Kunst und Trödel Kultstatus. Während der Kolonialzeit haben sich die belgischen Haushalte anscheinend reichlich mit allerlei exotischem Hausrat und dekorativem Krimskrams aus aller Welt eingedeckt, der in Kellern und Speichern über die Jahre Patina ansetzt hat. Als während der ersten Wirtschaftskrise Anfang der 1980er-Jahre das Geld knapp wurde, entrümpelten viele ihren Haushalt und machten ihre verstaubten Erbstücke erstmals auf Straßenmärkten zu Geld. Seitdem gehört der wöchentliche Antik- und Flohmarkt in vielen belgischen Städten zum Straßenbild.

Auf Schnäppchenjagd

Markttag in Belgien bedeutet in erster Linie Spaß am Feilschen, egal ob um Uromas Nähtisch, Blechspielzeug mit Sammlerwert, die gebrauchte Küchenmaschine oder um frisches Gemüse. Es ist die Lust am wortgewandten Spiel des Bietens und Unterbietens.

Eine aktuelle Broschüre zu Flohmärkten finden Sie unter http://pdf.opt.be/pdf/de/Flohmarkte2013.pdf.

Flohmärkte

- **Brüssel:**
  tgl. 7–14 Uhr an der Place du Jeu de Balle (Vossenplein) in den Marollen, an den Wochenenden überlaufen
- **Brügge:**
  dreimal jährlich Flanderns größter Floh- und Antikmarkt »Zaandfesten« am 't Zand (Infos: Tel. 050/34 17 36); zudem von März bis Nov. jedes Wochenende Flohmarkt am Dijver
- **Tongeren:**
  jeden Sonntag vom Morgengrauen bis 13 Uhr entlang der Stadtmauer
- **Antwerpen:**
  Antiquitätenmarkt am Lijnwaadmarkt Samstag 9–17 Uhr

Trödelmarkt rund um das Theater,
Sonntag bis 13 Uhr

- **Gent:**
  Jedes Wochenende am
  Sint-Jacobs- und Beverhoutplein
  von 7 bis 13 Uhr

Lebensmittel

Belgien trüge seinen Ruf als Land der Genießer zu Unrecht, gäbe es nicht auch überall kulinarische Spezialitäten. Ob Käse oder Krabben, Pralinen oder Wurstwaren – festlich aufgezogene Märkte mit der Möglichkeit zu probieren gibt es das ganze Jahr über in allen Landesteilen. Aber auch die ganz normalen Wochenmärkte sind einen Besuch wert. Weithin berühmt ist etwa der große Lebensmittelmarkt in Liège › S. 56, der am Wochenende von wahren He.erscharen besucht wird.

- **Wochenmarkt**
  u. a. afrikanische und asiatische
  Lebensmittel und Gewürze.
  am Gare du Midi in Brüssel
  So 7–13 Uhr
- **Vistrap**
  tgl ab 7 Uhr frischer Fisch, Garnelen,
  Schnecken und Muscheln
  Visserskaai, Oostende,
- **Schokoladen- und Ostermarkt**
  Anfang April in Durbuy,
  www.durbuyinfo.be
- **Käsefest**
  Mitte August im Schloss von Herzé,
  www.fetedu fromage.be

Bücherdorf Redu

Das kleine Dorf Redu in den Ardennen ist alljährlich zweimal Treffpunkt für Bibliophile aus aller Welt. Über 200 Buchhändler und Verleger präsentieren dort ihr Angebot. Wichtige Termine sind das **Bücherfest** Mitte April und die **Nacht des Buchs** am ersten Samstag im August

- Infos: **Tourismusbüro**
  63, pl. de l'Esro
  6890 Redu
  Tel. 061/65 66 99
  www.redu-villagedulivre.be

Weihnachtsmärkte

Zuckerguss und Glitzerschnee, Feuerwerk und Rauschgoldengel halten im Advent natürlich auch in den belgischen Städten Einzug.

- **Brüssel:**
  Besonders malerisch ist der Europäische Weihnachtsmarkt auf der Grand-Place.
- **Lier:**
  Im Beginenhof lockt der Budenzauber in der Adventszeit zahlreiche Besucher.
- **Brügge:**
  Romantisch sind die Märkte am Simon Stevinplein und beim Belfried.
- **Gent:**
  Abendlicher Chorgesang empfängt die Besucher des Genter Weihnachtsmarktes auf dem Sint-Baafsplein.
- **Antwerpen:**
  Leckereien aus ganz Europa gibt's vor der Liebfrauenkathedrale.

Die Ardennen

Das Beste!

- Einen Besuch der riesigen Tropfsteinhöhle von Han › S. 65
- Ein Glas Bier und ein Stück Käse in der Brasserie der Abbaye d'Orval › S. 63
- Erlebte Geschichte in der Burg von Gottfried von Bouillon › S. 63
- Eine erfrischende Kajaktour auf der Ourthe › S. 53
- Den herrlichen Blick von der Zitadelle von Dinant über das Maastal › S. 66
- Einen Bummel durch das malerische Durbuy, die kleinste Stadt Belgiens › S. 61

› Karte S. 54

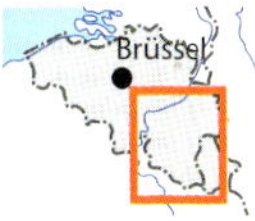

Liège, Namur, Dinant – die großen Städte an der Maas locken mit reicher Kultur- und Kirchengeschichte. Daneben bieten das Hochmoor des Hohen Venn (Hautes Fagnes) und die zahlreichen Tropfsteinhöhlen der Region einzigartige Naturerlebnisse.

Tief durchschneiden Flusstäler das flachwellige Hochland der Ardennen. Felsen, Wälder und kahle Hochflächen bestimmen das Bild. Im Norden liegt das Hochmoor Hohes Venn mit Heideflächen, Moortümpeln und Buschwäldern. Sein höchster Punkt ist der Signal de Botrange mit stolzen 694 m.

Im Westen bildet die Maas die Grenze. Dieser große europäische Fluss spielte für den Handel stets eine wichtige Rolle. Im Süden, in Nachbarschaft zur französischen Grenze, fließt sie in einem malerischen Tal mit teils steilen Hängen. Bei Namur macht sie einen Knick nach Osten und entwickelt sich zur Wasserstraße mit Containerkähnen, die Industriegüter nach Liège befördern. Die alte Arbeiterstadt bietet herausragende Kunstschätze und viel urbanes Leben.

Zwischen dem Maastal und der Grenze zu Luxemburg liegt das Kernland der Ardennen, eine kleinteilige Landschaft, deren zahlreiche Wasserläufe in unzähligen Windungen der Maas zustreben und in den Hohlräumen des Gesteins bizarre Tropfsteinhöhlen entstehen ließen.

Den kleinen Städtchen mit ihren typischen dunklen Bruchsteinhäusern sieht man kaum an, dass sie fast alle nach dem Zweiten Weltkrieg wieder aufgebaut werden mussten – die berüchtigte Ardennenoffensive 1944 hatte ein zerstörtes Land hinterlassen.

Wandern, radeln, baden, Kajak fahren, klettern – die Ardennen sind ideal für den Familienurlaub oder ein verlängertes Wochenende. Sie bieten auch kulinarisch einiges: Den Wildreichtum der Region wussten vor zweitausend Jahren schon die Römer zu schätzen.

Einsam gleitet ein Kajakfahrer durch die felsige Landschaft bei Namur.

Blick auf Dinant an der Maas

› Karte S. 54

Touren in der Region

3

Tour 6 Wanderung im Hohen Venn

Tour-Übersicht:

Verlauf: Baraque Michel › Fagne Wallone › Baraque Michel › Kreuz der Verlobten › Fagne de Polleur › Signal de Botrange

Dauer: 2 Tage

Praktische Hinweise:

- Anreise mit dem Auto. Über das Hohe Venn, Schutzzonen und geführte Touren informiert das Naturparkzentrum Botrange, 131, route de Botrange, 4950 Robertville, Tel. 080/44 03 00, www.botrange.be.

Tour-Start:

Die schwermütige Moorlandschaft des Hohen Venn bietet sich für ein Wanderwochenende an, am besten im Frühherbst, wenn das Pfeifengras in rostroten Farben leuchtet.

Für den ersten Tag könnte man sich eine Umrundung des **Fagne Wallone** vornehmen. Der Weg führt zunächst entlang der Hill, biegt anschließend rechts ab Richtung Botrange und folgt nach einiger Zeit einer schnurgeraden Schneise, die wieder Richtung Straße führt.

Am westlichen Rand der Schutzzone geht es wieder zurück zur **Baraque Michel,** ●● einer traditionsreichen Herberge, die schon seit dem Jahr 1826 Wanderern Schutz und Stärkung bietet (36, Baraque Michel, 4845 Jalhay, Tel. 080/44 48 01, www.baraquemichel.de).

Wer damit – die Wanderung dauert knapp 4 Stunden – noch nicht ausgelastet ist, kann sich im Besucherzentrum über die einzigartige Geologie, Flora und Fauna des Hohen Venn informieren oder eine geführte Tour durch die ansonsten für die Öffentlichkeit gesperrte Schutzzone C buchen.

Ziel des nächsten Tages ist das **»Kreuz der Verlobten«**, von dem aus der Weg in einem großen Bogen durch das moorige Polleur-Venn (Fagne de Polleur) zum Botrange, mit 694 m der höchsten Punkt Belgiens, führt. Auf dem Gipfel erhebt sich der **Signal de Botrange**. Am Rand der Zone C geht es anschließend auf federnden Plankenwegen wieder zurück zur Baraque Michel.

Tour 7 Im Tal der Maas

Tour-Übersicht:

Verlauf: Liège › Jehay › Huy › Namur › Dinant › Grottes de Merveilleuse › Château de Vêves › Château de Freÿr

Dauer: 2 Tage

Praktische Hinweise:

- Diese Tour lässt sich am besten mit dem Pkw durchführen.

Die Place d'Armes von Namur mit ehemaliger Börse und Belfried

Tour-Start:

Eine Fahrt entlang der Maas zeigt den attraktivsten Teil der Wallonie. Die ersten Kilometer nach ****Liège** › **S. 56** führen vor Augen, dass hier seit Jahrhunderten Eisen- und Stahlverarbeitung zu Hause sind. Schon bei Amay jedoch führt eine Straße zu einem der herrlichsten Wasserschlösser des Landes: **Jehay** › **S. 68**. Bei ***Huy** › **S. 68** wird die Maas schmaler, ihre Ufer steiler, von der Zitadelle kann man einen ersten Blick über die Flusslandschaft werfen. Mächtig ist die Festung, die über ***Namur** › **S. 67** thront.

****Dinant** › **S. 65** bleibt vielen vor allem wegen seines charakteristischen Kirchturms in Erinnerung. Danach wälzt sich die Maas in weiten Schlingen durch die Provinz Namur. Hier locken die Grottes de Merveilleuse mit einer bezaubernden Märchenwelt aus Tropfsteinen unter die Erde. Nicht entgehen lassen darf man sich ***Vêves** › **S. 65**, die stattliche Burg auf dem schroffen Felsvorsprung in Celles, und **Schloss Freÿr** › **S. 65**, wo eine ungebändigte Natur mit strengen Rabatten in Konkurrenz tritt.

Tour 8 Kajaktour auf der **Ourthe**

Tour-Übersicht:

Verlauf: **La-Roche-en-Ardenne › Nisramont › La-Roche-en-Ardenne**

Dauer: 1 Tag

Praktische Hinweise:

- Per Auto nach La-Roche-en-Ardenne, Bustransfer zum Einsetzpunkt der Kajaks. Wasserfeste Behälter und Schwimmwesten können ausgeliehen werden. Kajakfahrten bucht man über Ardenne Aventures, 35, rue de l'Église, 6980 La-Roche-en-Ardenne, Tel. 084/41 19 00, www.ardenne-aventures.be.

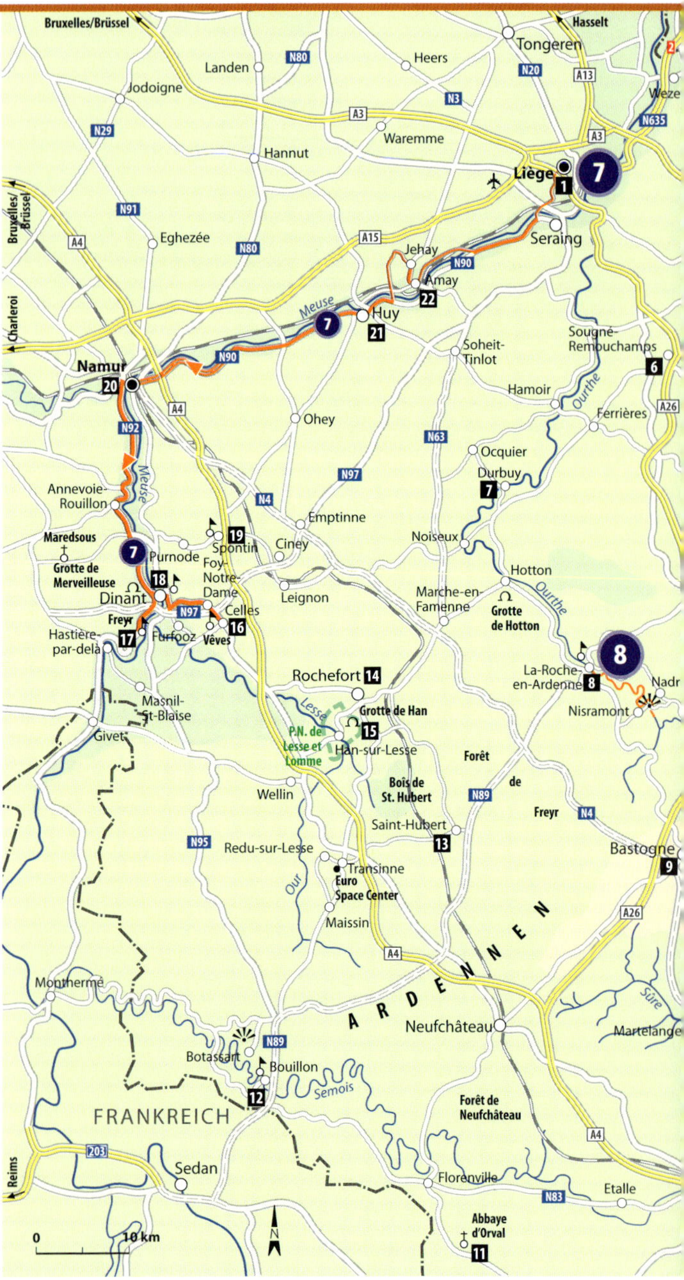
Bruxelles/Brüssel
Hasselt
Tongeren
Landen
Heers
Jodoigne
Waremme
Hannut
Liège
Seraing
Eghezée
Jehay
Amay
Huy
Meuse
Namur
Soheit-Tinlot
Sougné-Remouchamps
Hamoir
Ourthe
Ferrières
Ohey
Ocquier
Durbuy
Annevoie-Rouillon
Emptinne
Maredsous
Grotte de Merveilleuse
Purnode
Spontin
Foy-Notre-Dame
Ciney
Noiseux
Hotton
Dinant
Leignon
Marche-en-Famenne
Grotte de Hotton
Celles
Freyr
Hastière-par-delà
Furfooz
Vêves
La-Roche-en-Ardenne
Nadr
Nisramont
Rochefort
Masnil-St-Blaise
Grotte de Han
Givet
P.N. de Lesse et Lomme
Han-sur-Lesse
Lesse
Forêt de Freyr
Wellin
Bois de St. Hubert
Saint-Hubert
Bastogne
Redu-sur-Lesse
Transinne
Euro Space Center
Our
Maissin
ARDENNEN
Monthermé
Neufchâteau
Sûre
Martelange
Botassart
Bouillon
Semois
FRANKREICH
Forêt de Neufchâteau
Sedan
Florenville
Etalle
Reims
Charleroi
Abbaye d'Orval
0
10 km
N

Tour-Start:

Als Luftlinie gemessen beträgt die beschriebene Strecke auf der Ourthe nur ungefähr 5 km, doch mit dem Kajak ist man bis zu 6 Stunden unterwegs: Die Ourthe schlängelt sich in verwegenen Schleifen durch den harten Ardennenschiefer, vorbei am Aussichtsplatz **Les six Ourthes** hoch oben am Steilufer, von dem aus man sechs Schleifen des Flusses überblicken kann, und vorbei am markanten Felsen **Le Herou.**

Die Ourthe kann das ganze Jahr über mit dem Kajak befahren werden, im Winter mit einer Sonderausrüstung. Die Fahrt ist im Einzel- oder Zweierkajak möglich – Sport und Abenteuer in eindrucksvoller Natur sind dabei garantiert.

Wichtige Adressen

Fédération du tourisme de la Province de Namur › **S. 139**

Fédération du tourisme de la Province de Liège › **S. 139**

Touren in den Ardennen

Tour 6

Wanderung im Hohen Venn

Baraque Michel › Fagne Wallone › Baraque Michel › Kreuz der Verlobten › Fagne de Polleur › Signal de Botrange

Tour 7

Im Tal der Maas

Liège › Jehay › Huy › Namur › Dinant › Grottes de Merveilleuse › Vêves › Freÿr

Tour 8

Kajaktour auf der Ourthe

La-Roche-en-Ardenne › Nisramont › La-Roche-en-Ardenne

Unterwegs in den Ardennen

**Liège 1

Hat man den Ring aus Stahlwerken und Industrievierteln einmal hinter sich gelassen, erweist sich Liège (Lüttich, fläm. Luik; 197 000 Einw.) als angenehm und lässig und – Überraschung! – als bemerkenswerte Kunststadt: Herrliche Kirchen, Museen und andere Bauwerke zeugen von Jahrhunderten klerikaler Macht, langem wirtschaftlichem Wohlstand und regem Kulturaustausch. Die Bewerbung als Gastgeber der Expo 2017 war allerdings nicht von Erfolg gekrönt.

SEITENBLICK

Aus der Stadtgeschichte

Kohlevorkommen und Waffenschmieden sorgten bereits im 16. Jh. für den wirtschaftlichen Aufschwung von Liège. Als Ausgangspunkt der Industriellen Revolution auf dem Kontinent entwickelte sich die Stadt im 18. und 19. Jh. zum Industriezentrum und war aufgrund ihrer Rüstungsbetriebe in den Weltkriegen heiß umkämpft. Nach dem Niedergang der Schwerindustrie hat sich Liège als Eisen- und Autobahnknotenpunkt sowie mit dem Frachtflughafen Bierset und dem drittgrößten Binnenhafen der Welt zum wichtigen Warenumschlagsplatz entwickelt. Mit dem Aufsehen erregenden neuen Bahnhof des spanischen Architekten Santiago Calatrava wird die Stadt auch architektonisch im 21. Jh. andocken.

Die Place St-Lambert

Blickfang hier ist der **Palais des Princes-Evêques** A, der Fürstbischöfliche Palast (1526–1538). Tatsächlich ist Lüttich bereits seit 721 Bischofssitz. Um die erste Jahrtausendwende ließ Fürstbischof Notger die Kathedrale und einen Bischofspalast errichten. Hinter der neugotischen Fassade des heutigen Baus verbergen sich zwei mit Arkaden geschmückte Innenhöfe der Frührenaissance.

Etwas südlich des Palastes zeigt das hochmodern gestaltete **Archéoforum** Ausgrabungen der letzten hundert Jahre, die Einblicke in die lange Stadtgeschichte geben (Di–Fr 9–17, Sa 10–17 Uhr, www.archeoforumdeliege.be).

Place du Marché B

Die Nachbildung des mittelalterlichen Gerichtspfahls (Le Perron) auf dem 1697 angelegten Brunnen des Marktplatzes gilt als das Symbol der städtischen Freiheit und stadteigenen Gerichtsbarkeit. Hier steht auch das **Hôtel de Ville,** das Rathaus, mit seinem wappengeschmückten Giebel (1714).

Auf einer Bronzeplatte entdeckt man den Namen Maigret: ein in den 1930er-Jahren stadtbekannter Polizist, der als Held der Kriminalromane des in Lüttich geborenen Autors Georges Simenon (1903–89) unsterblich wurde. Das Touristenbüro › **S. 59** bietet einen Rundgang auf dessen Spuren.

Shopping

Erst-! klassig

Lebendig wird es am Kaiabschnitt La Batte beim größten Sonntagsmarkt Belgiens. An unzähligen Ständen wird um Kitsch und Krempel, Autozubehör, Lebensmittel und Blumen gefeilscht.

Museen am Quai

Erstes Resultat der kulturellen Großbaustelle am Quai de Maestricht ist das **Museé de l'Art Wallon** C für Wallonische Kunst, das Gemälde und Skulpturen heimischer Künstler sammelt, darunter auch Werke von René Magritte (Di–Sa 11–18, So 11–16 Uhr).

Das herrschaftliche Haus wurde 1740 für den Bankier Ansembourg erbaut. Seine mit Delfter Kacheln, Stuckdecken und Wandbehängen dekorierten Räume spiegeln als **Musée d'Ansembourg** D die großbürgerliche Wohnkultur gut wider (Féronstrée 114; Di–Sa 13–18, So 10–16.30 Uhr).

Seit Frühjahr 2009 erstrahlt das benachbarte archäologische und ägyptologische **Musée Curtius** mit seiner Glas- und Waffensammlung sowie einer Ausstellung religiöser Kunst in neuem Glanz (13b, quai de Maestricht, tgl. außer Di 10–18 Uhr, www.grandcurtiusliege.be).

St.-Barthélémy E und Altstadtgassen

In dem romanischen Kirchenbau mit den beiden Türmen hat das berühmteste Kunstwerk von Liège seinen Platz: ein romanisches **Taufbecken, 1107–1110 vom Goldschmied Renier de Huy in Messingguss geschaffen.

Erst-! klassig

An der Rue des Brasseurs überrascht ein postmodern gestalteter Innenhof des Lièger Architekten Charles Vandenhove. Von der Straße En Hors Château verlaufen mehrere schmale Sackgassen in das ehemalige Rotlichtviertel, dessen uralte Fachwerkhäuser durch eine Privatinitiative erhalten und liebevoll restauriert werden konnten.

Zitadelle F

Die Treppenstraße Montagne de Bueren endet vor dem Parc de la Citadelle, der die ehemalige Festung, heute ein Krankenhaus, umgibt. Die im Jahr 1891 fertig gestellte und in beiden Weltkriegen stark beschädigte Anlage bietet eine hervorragende Aussicht auf Liège und das Maastal.

Erst-! klassig

Minoritenkloster G

Die vorbildlich restaurierte Anlage mit ihrem durch Arkaden vom Innenhof getrennten Kreuzgang wurden im 17. Jh. im maasländischen Renaissancestil errichtet. Hier ist

Das Taufbecken in St.-Barthélémy

› Karte S. 58

die vielfältige Sammlung des **Musée de la Vie Wallonne**, des Wallonischen Heimatmuseums, untergebracht (tgl. außer Mo 9.30–18 Uhr).

St-Jean H

Die unter Bischof Notger um 980 nach dem Vorbild der Aachener Pfalzkapelle auf achteckigem Grundriss erbaute Johanniskirche wurde 1754–1757 vollständig erneuert. Ein Madonnenbild und eine Kreuzigungsgruppe (13. Jh.) sind die kostbarsten Kunstwerke. Der Turm mit einem Glockenspiel stammt aus dem 12. Jh.

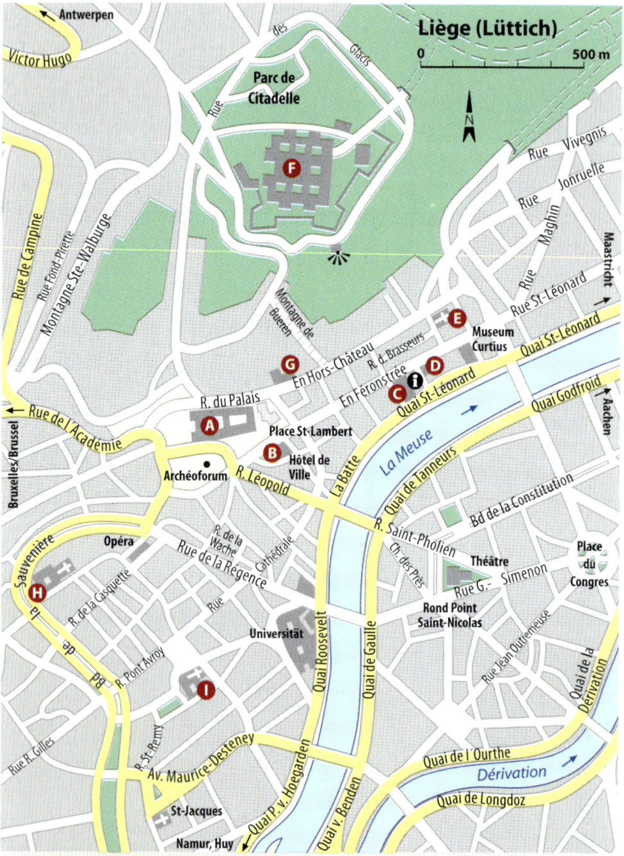

A Palais des Princes-Evêques
B Place du Marché
C Musée de l'Art Wallon
D Musée d'Ansembourg
E St.-Barthélémy
F Zitadelle
G Minoritenkloster
H St-Jean
I St.-Paul

**St.-Paul ⓾

Nach dem Abriss der alten Bischofskirche Lüttichs wurde die im 14./15. Jh. gotisch umgebaute weiträumige frühere Stiftskirche aus dem 10. Jh. zur Kathedrale erhoben. **Erst-! klassig** Zum Kirchenschatz gehört eine vergoldete Reliquienbüste des hl. Lambert – sie ist ein Sühnegeschenk Karls des Kühnen an jene Stadt, die er zuvor zerstören ließ.

Info

Office de Tourisme

Das Verkehrsamt bietet thematische Stadtführungen auf Deutsch an.

- 92, Féronstrée
- 4000 Liège
- Tel. 04/221 92 21
- www.liege.be

Hotels

Ramada Plaza ●●●

In Flughafennähe, mit 149 klimatisierten Zimmern und großem Garten; Restaurant im Gewölbekeller eines ehemaligen Klosters (17. Jh).

- 36, quai St-Léonard
- Tel. 04/228 81 11
- www.ramadaplaza-liege.com

La Passerelle ●●

Schlichtes kleines Hotel in einem typischen Stadthaus am östlichen Maas-Ufer im Stadtteil Outre-Meus

- 24, chaussée des Près e.
- Tel. 04/341 20 20
- www.hotelpasserelle.be

Zwischenstopp: Restaurants

Bolas Bug ●–●●

Café-Restaurant mit einfacher mediterraner Küche, Weinen und Cocktails.

- Tgl. 8.30–0 Uhr.
- 33, place du Marché
- Tel. 04/222 42 60

L'Oeuf au Plat ●

Eierspeisen in allen erdenklichen Varianten.

- 30, quai de la Batte
- Tel. 04/222 40 32
- Di und So abends geschl.

Eupen 2

Die Kreis- und Industriestadt (19 000 Einw.) ist Verwaltungssitz der deutschsprachigen Bevölkerungsgruppe Belgiens. Im 17. und 18. Jh. entwickelte sich in Eupen eine erfolgreiche Tuchmanufaktur. Sie brachte der Stadt den Wohlstand, der sich noch heute an den Patrizierhäusern ablesen lässt. Außer ihnen hat nur die Kirche **St.-Nicolas** mit ihren schönen Barockaltären die Bombardements während der beiden Weltkriege überstanden.

Info

Tourist Information

- Marktplatz 7
- 4700 Eupen
- Tel. 087/55 34 50
- www.eupen-info.be

Malmedy 3

Inmitten der Hügel der Ardennen liegt dieser malerische Ferienort (12 300 Einw.) am Ufer der Warche, einst Zentrum der Papier- und Lederindustrie und in beiden Weltkriegen schwer zerstört. Hier ist vor allem die barocke **Kathedrale** (18. Jh.)

einen Besuch wert. Von dort führt ein Kreuzweg über 13 Stationen auf den Kalvarienberg mit einer den Heiligen Agathe und Apollonia geweihten Kapelle. Etwas unterhalb befindet sich ein Aussichtspunkt mit wunderbarem Blick auf Malmedy.

Info

Haus des Tourismus

- 29, place Albert 1er
- 4960 Malmedy
- Tel. 080/33 02 50
- www.eastbelgium.com

Hotels

Maison Geron ●●

Hübsches herrschaftliches Haus, 3 km außerhalb. Mit großer Terrasse in einem Park am Rande des Hohen Venn.

- 4, route de la Ferme Libert
- Tel. 080/33 00 06
- www.geron.be

Zwischenstopp: **Restaurant**

Ferme Libert ●●

Schönes Landgasthaus mit guter Küche, die auf Wild spezialisiert ist.

- Béveré-Village Nr. 26
- Tel. 080/33 02 47
- Tgl. 12–14, 18.30–20.30 Uhr

SEITENBLICK

Naturpark Hohes Venn

Eupen und Malmedy liegen am Rande des Deutsch-Belgischen Naturparks. Die seltene Flora und Fauna des Hohen Venn/Hautes Fagnes innerhalb des 2400 km² großen Gebiets sind streng geschützt und daher sind nicht immer alle Parkteile zugänglich. Informationen dazu erhält man im Naturparkzentrum Botrange › S. 52 oder unter www.naturpark-hohesvenn-eifel.de.

Stavelot 4

Das malerische Städtchen ist eine Karnevalshochburg und die Heimat der »Blancs Moussis«, skurriler Gestalten in weißen Kapuzenmänteln, die sich am 3. Sonntag vor Ostern zu einer ausgelassenen Parade versammeln. Die altehrwürdige **Abbaye de Stavelot** aus dem 16. Jh. beherbergt den Kirchenschatz von St.-Sébastian (18. Jh.) mit dem prächtig verzierten Reliquienschrein des hl. Remaclus (13. Jh.) sowie drei verschiedene Museen (32, place Saint Remacle, tgl. 10–18 Uhr, www.abbayedestavelot.be).

Motorsportfreunde tauchen im Musée du Circuit de Spa-Francorchamps in die Welt der nahe gelegenen legendären Rennstrecke (Großer Preis von Belgien) ein. Und in den Gewölben der Abtei Stavelot sind PS-starke Rennmotorräder und -boliden zu bestaunen (tgl. 10–18 Uhr; Renntermine unter www.spa-francorchamps.be). **Erst-! klassig**

Spa 5

Die Kurstadt (10 500 Einw.) lebt vom guten Ruf ihrer Mineralquellen. Von einstiger Pracht und adeligen Gästen zeugen die Bauten aus dem 19. Jh., v. a. der Kursaal samt Kasino. Moderne Erholungseinrichtungen bieten Bäder und Wellnessbereiche des Kurhauses (www.thermesdespa.com).

Info

Office du Tourisme
- 41, place Royale
- 4900 Spa
- Tel. 087/79 53 53
- www.spa-info.be

Hotels

La Heid des Pairs ●●–●●●
Ardennen-Landvilla (8 Zimmer) aus dem 19. Jh. in großem Park; mit schönem Kaminzimmer und Pool.
- 143, av. Prof. Henrijean
- Tel. 087/77 43 46
- www.laheid.be

Le Relais ●●
Kleines Hotel (11 schlichte Zimmer) in altem, renoviertem Stadthaus, am Kurzentrum gelegen. Nichtraucher-Restaurant mit regionalen Gerichten.
- 22, place du Monument
- Tel. 087/77 11 08
- www.hotelrelais-spa.be

Zwischenstopp: Restaurant

L'Auberge ●●
- 3-4, place du Monument
- Tel. 087/77 48 33
- Elegant, raffinierte französische Küche. Tgl. 12–14.30, 18.30–22 Uhr.

Sougné-Remouchamps 6

Der Ferienort (8500 Einw.) im Tal der Amblève besitzt eine spektakuläre ***Tropfsteinhöhle**, die vor 8000 Jahren von Jägern bewohnt war. Der Abstieg zum unterirdischen Fluss Rubicon führt unter theatralisch angestrahlten Stalaktiten hindurch, Rückfahrt per Boot (Feb.–Nov. tgl. 10–18, Dez., Jan. Sa, So 10–16 Uhr).

**Durbuy 7

Erst-! klassig

Der malerische Ort Durbuy (400 Einw.) an einer Schleife der Ourthe erfreut im Sommer mit sehr farbenfroher Blumenpracht. Schon seit dem 10. Jh. ist hier eine Festung belegt; 1331 wurden dem Ort, der ein einflussreiches Handelszentrum war, die Stadtrechte verliehen. Die Reste der Verteidigungsanlagen, die Häuser aus dem 17. und 18. Jh. sowie das Schloss (17. Jh.) mit seinem Jagdmuseum sind sehenswert.

Erst-! klassig

Beim Flusskrebsfestival von Mitte Juni bis Mitte Juli werden feine Flusskrebse aus der Ourthe serviert.

SEITENBLICK

Wo die Belgier Deutsch sprechen

Über hundert Jahre lang waren das Gebiet um Eupen, Malmédy und St. Vith ein Zankapfel der europäischen Großmächte. Der Wiener Kongress sprach das Gebiet 1815 Preußen zu, im Versailler Vertrag nach dem Ersten Weltkrieg fiel es an Belgien, nach dem Einmarsch der deutschen Wehrmacht 1940 wurde es gleich dem Deutschen Reich einverleibt. Heute ist die Zugehörigkeit der Ostkantone zum Königreich Belgien kein Diskussionsstoff mehr. Aus den Sprachstreitigkeiten halten sich die deutschsprachigen Belgier heraus und genießen in Fragen der Kultur-, Schul- und Gesundheitspolitik weitgehende Autonomie.

› Karte S. 54

Info

Syndicat d'Initiative Durbuy

- 25, place aux Foires
- 6940 Durbuy
- Tel. 086/21 24 28
- www.durbuyinfo.be

La-Roche-en-Ardenne 8

Der Ort (4200 Einw.), ein Zentrum des Tourismus in den Ardennen, duckt sich an einer Flussschleife der Ourthe malerisch unter die Ruine Erst-! klassig seiner gewaltigen Burg (Zugang über eine Treppe gegenüber dem Rathaus; Juli, Aug. 10–18.30, April–Juni, Sept.–Okt. 11–17, sonst Mo–Fr 13–16 Uhr). Die Aussichtspunkte Le Hérou und Belvédère de six Ourthes erlauben den weiten Blick.

Weiter nördlich lockt unweit von Hotton eine der vielen Tropfsteinhöhlen der Ardennen, die märchenhafte Erst-! klassig Grotte des Mille et Une Nuits, »Grotte aus 1001 Nacht« (April–Okt. tgl. 10–16, Juli, Aug. 10–17, Nov.–März Sa, So 12.30, 14, 15.30 Uhr, www.grottesdehotton.com).

Info

Syndicat d'Initiative de La Roche-en-Ardenne

- 15, place du Marché
- 6980 La Roche-en-Ardenne
- Tel. 084/36 77 36
- www.la-roche-tourisme.com

Hotels

Linchet ●●●

Familiäres Hotel in einer Villa im Ourthe-Tal; Zimmer zum Fluss. Gutes Restaurant.

- 11, route de Houffalize
- Tel. 084/41 13 27
- www.hostellerie-linchet.be

La Claire Fontaine ●●

Modernes Haus mit 28 hübschen Zimmern und Garten am Flussufer.

- 64, rue Vecpré (Route de Hotton)
- Tel. 084/41 24 70
- www.clairefontaine.be

Zwischenstopp: **Restaurant**

Du Midi ●●

Hotelrestaurant mit feinster Regionalküche, vor allem Wildspezialitäten.

- 6, rue Beausaint
- Tel. 084/41 11 38
- Tgl. 12–14.30, 18.30–22 Uhr.

Bastogne 9

Die Wehranlage der kleinen Stadt (15 000 Einw.) unweit der Grenze zu Luxemburg ließ Louis XIV. 1688 bis auf die **Porte de Trèves** schleifen. 1944 war der Ort für US-Truppen ein wichtiger Punkt der Ardennenoffensive. Auf dem Hügel **La Mardasson** liegt die Gedenkstätte für 77 000 gefallene US-Soldaten. 2014 wird ein neues Doku-Zentrum über den Zweiten Weltkrieg eröffnet (www.bastognehistoricalcenter.be).

Arlon 10

Die alte Hauptstadt (28 000 Einw.) der Provinz Luxemburg liegt auf einem Hügel über der Quelle der Semois. Kelten, Römer und Merowinger hinterließen hier ihre Spuren. Die Sammlungen des Musée Luxembourg Erst-! klassig spiegeln die Kultur dieser

Völker wider (13, rue des Martyrs, Di–Sa 9–12, 13–17.30, Ostern–Mitte Sept. auch So 13.30–17.30 Uhr, www.ial.be).

Zu den Sehenswürdigkeiten zählen der **römische Turm** an der Grand-Place mit einem Neptunrelief (Zugang über eine Metalltreppe) und die **Ruinen der römischen Thermen** (4. Jh.) beim alten Friedhof. Hier sind die Reste der ältesten christlichen Kirche Belgiens aus dem 5. Jh. zu sehen.

4

**Abbaye d'Orval 11

Seit der Gründung im 12. Jh. entwickelte sich Orval zu einem der berühmtesten Zisterzienserklöster des Landes. Während der Französischen Revolution wurde es ausgeraubt und in Brand gesteckt. Doch auch die **Ruinen der Liebfrauenkirche**, des Kreuzgangs und des Kapitelsaals sind imposant (tgl. März–Okt. 9.30–18, Nov.–Febr. 10.30–17.30 Uhr; www.orval.be). Auch heute leben noch Mönche in Orval, sie produzieren Käse und brauen ein weithin bekanntes bitteres Bier.

**Bouillon 12

Erst-klassig

In einer Flussschleife der Semois liegt im Schatten der mächtigen **Burg von Bouillon das gleichnamige Städtchen (5500 Einw.). Bauherr der Festung war Gottfried von Bouillon (1061–1100). Unter seiner Führung nahm ein Kreuzritterheer 1099 Jerusalem ein. An dem im Boden eingelassenen Kreuz auf der Burg legten die Kreuzfahrer ihr Gelöbnis ab. Bis heute gilt die Burg als ein besonders eindrucksvolles Beispiel mittelalterlichen Festungsbaus (Juli, Aug. tgl. 10–18.30, April–Juni, Sept. tgl. 10–18, Sa, So bis 18.30, Okt., März 10–17, Sa, So bis 18, Nov. tgl. 10–17, Sa, So bis 18, Dez.–Febr. Mo–Fr ab 13 Sa, So 10–17 Uhr). Ein »**Greifvogelballett**« stellt eine zusätzliche Attraktion dar (März–Mitte Nov. tgl. 11.30, 14 und 15.30 Uhr).

Die Ruinen der Abbaye d'Orval

Den besten Blick über Festung und Stadt hat man von der **Tour d'Autriche**. Das **Musée Ducal** (Herzogliches Museum) bei der Festung informiert über die Geschichte von Burg und Stadt (Ostern–Sept. 10–18, Okt.–Mitte Nov. tgl. 10–17 Uhr).

Info

Syndicat d'Initiative
- Chateau-Fort
- 6830 Bouillon
- Tel. 061/46 62 57
- www.bouillon-initiative.be

Hotel

Hôtel de la Poste ●–●●
Das Vier-Sterne-Hotel (66 Zimmer) in einem Gebäude von 1730 liegt direkt am

› Karte S. 54

Bizarre Felsen in der Grotte von Han

Fluss mit Blick auf die Lütticher Brücke. Hier logierten einst Emile Zola und Kaiser Napoléon III.

- 1, pl. St.-Arnould
- Tel. 061/46 51 51
- www.hotelposte.be

Saint-Hubert 13

Inmitten ausgedehnter Wälder liegt Saint-Hubert (5700 Einw.). Der Legende nach soll Hubert, später Bischof von Liège, am Karfreitag des Jahres 683 ein Prachtexemplar von einem Hirschen gejagt haben. Als er auf das Tier anlegte, erstrahlte im Geweih ein Kreuz. Eine Stimme forderte Hubert auf, seine Jagdleidenschaft aufzugeben und sein Leben der Verbreitung des Christentums zu widmen. Er gehorchte.

Die spätgotische **Hubertuskirche** wurde im 16. Jh. über romanischen Fundamenten als fünfschiffige Kirche mit Chorumgang errichtet. Im September wird das Hubertusfest gefeiert, am 3. November findet neben der feierlichen Sankt-Hubertus-Prozession ein großer Markt statt.

Erst-klassig

Info

Maison du Tourisme

- 12, rue Saint-Gilles
- 6870 Saint-Hubert
- Tel. 061/61 30 10
- www.saint-hubert-tourisme.be

Restaurant

Le Basilic ●●–●●●

Das in warmen Tönen gehaltene Lokal im Ortskern bietet gehobene französische Küche. Reservierung erbeten.

- 8, pl. de l'Abbaye
- Tel. 061/50 48 58
- www.le-basilic.be
- Mo, Mi abends geschl.

Tagesausflug

Dieser Tagesausflug von Saint- Hubert aus spricht alle Altersgruppen an. Zuerst geht es nach **Libramont-Chevigny,** wo das Keltenmuseum allerhand über die einstigen Bewohner der Ardennen und ihr ausgeprägtes Technikverständnis vermittelt – sie erfanden u.a. die Seife, das Sieb und das Kettenhemd (Pl. Communale, Juli, Aug. Mo–Sa 9.30–17, So, Fei 14–18, sonst Di–Fr 9.30–17, So, Fei 14–18 Uhr, www.museedesceltes.be). Dann geht es in die Zukunft: In **Transinne** entführt das Euro Space Center in die Raumfahrt mit dem originalgetreuen Nachbau einer Raumfähre und einer Ariane-Rakete sowie dem Kino, das einen

Weltraumflug simuliert. Für Kinder gibt es einwöchige Astronautencamps (direkt an der Autobahn, Juli, Aug. tgl. 10–17, Mitte April–Juni, Sept. bis Anfang Nov. Di–So 10–16 Uhr, www.eurospacecenter.be).

In den fast 40 Buchhandlungen und Antiquariaten von **Redu** › S. 49 sind Leseratten willkommen. Besonders hübsch ist das »Artikel 31« (14, rue St. Hubert) mit einem eigenen Café im Schatten der Dorfkirche.

Rochefort 14

Am Rand des Nationalparks Lesse und Lomme zwischen den gleichnamigen Flüssen liegt dieser hübsche Urlaubs- und Ausflugsort (12 000 Einw.). Bierkennern ist er durch das in der Abtei St-Remy gebraute Trappistenbier der Marke »Rochefort« vertraut. Die Tropfsteinhöhlen **Grottes de Rochefort** beeindrucken mit der gewaltigen »Salle du Sabbat«.

**Grotte von Han 15

Erst-! klassig

In der 10 km langen Tropfsteinhöhle von Han-sur-Lesse suchten Menschen bereits in der Jungsteinzeit Schutz. Fundstücke von der Merowingerzeit bis heute stellt das **Musée du Monde Souterrain** aus. Höhepunkt der ca. 2-stündigen Besichtigungstour ist der 129 m hohe Kuppelsaal **Salle du Dôme** mit einer abschließenden Bootsfahrt auf der Lesse (Zugang zur Höhle mit der Elektrobahn im Ortszentrum; Grotte: April–Okt. tgl. ab 10 Uhr mehrere Touren, www.grotte-de-han.be).

Info

Office de Tourisme
5, rue de Behogne
5580 Rochefort
Tel. 084/34 51 72
www.valdelesse.be

*Château de Celles 16

Hoch über dichtem Wald ragt auf einem Plateau das sog. Schloss Vêves auf, ein Musterbeispiel für die Festungsarchitektur des 15. Jhs. (April–Okt. Di–Do und Sa, So 10–17.30 Uhr, Mitte Juli–Ende Aug. tgl., www. chateau-de-veves.be).

Château de Freÿr 17

Erst-! klassig

Direkt am Ufer der Maas liegt das Renaissanceschloss Freÿr, das seit 20 Generationen von derselben Familie bewohnt wird. Der französische Park erstreckt sich über drei Terrassen. Er birgt 300 Jahre alte Apfelsinenbäume und die älteste Orangerie des Landes. (Schloss und Gärten: April–Juni, Sept.–15. Nov. nur Sa, So, Fei 10–17, Juli, Aug. Di–So 11–17 Uhr, letzter Einlass 16.15 Uhr, www.freyr.be). Die schroffen Felsen am Ufer gegenüber sind der Klettergarten der belgischen Alpinisten.

**Dinant 18

Das Städtchen (13 900 Einw.) zieht sich auf mehr als 4 km Länge am Ufer der Maas entlang. Seit dem 12. Jh. ist es berühmt für seine kunstvollen Kupfer- und Messingarbeiten, die »Dinanderien«. Aus Dinant stammt Adolphe Sax (1814–1894),

› Karte S. 54

der Erfinder des Saxophons. Bedingt durch seine exponierte Lage war Dinant stets bevorzugtes Ziel in kriegerischen Auseinandersetzungen.

Erst-! klassig Beherrschendes Bauwerk ist die Zitadelle, die man per Auto, Kabinenseilbahn oder zu Fuß über 405 Stufen erreicht. Schon 1051 stand hier eine Festung. Von oben bietet sich ein fantastischer Ausblick auf die Stadt mit der frühgotischen **Collégiale Notre-Dame.** Ihr wurde im 17. Jh. der erdrückend große Zwiebelturm aufgesetzt, der heute Wahrzeichen von Dinant ist. Lesepult und Leuchter im Chor sind Musterbeispiele für »Dinanderien«.

Fast noch im Ortskern lockt die Unterwelt: Eine 50-minütige Führung macht mit der Tropfsteinhöhle **Grotte la Merveilleuse** bekannt (stündlich, April–Okt. tgl. 11–17, Sa, So und während der Sommerferien 10–18, Nov.–März Sa, So und während der Schulferien 13–16 Uhr).

Erst-! klassig Empfehlenswert ist eine Rundfahrt auf der Maas. Anlegestelle gegenüber dem Hôtel de Ville (Rathaus). Etwa 1 km südlich von Dinant türmt sich der markante Felsblock »La Roche Bayard« auf.

Info

Maison de Tourisme

- 5, ave. Colonel Cadoux
- 5500 Dinant
- Tel. 082/22 28 70
- www.dinant-tourisme.be

Hotel

La Merveilleuse ●●–●●●

Elegantes Hotel in einem ehemaligen Kloster, mit Vinothek und Wellness-Spa.

- 23, charreau des Capucins
- Tel. 082/22 91 91
- www.lamerveilleuse.be

Zwischenstopp: **Restaurant**

La Broche ●●

Gute und preiswerte französische Küche.

- 22, rue Grande
- Tel. 082/22 82 81
- www.labroche.be
- Di, Mi geschl.

Ausflug

Am linken Ufer der Maas locken zwei täglich geöffnete Ziele ganz unterschiedlicher Art: Die neugotische **Abbaye de Maredsous** (18 km nordwestl. von Dinant) im Molignée-Tal wurde im Jahr 1872 von Benediktinern gegründet. Sie ist im ganzen Land berühmt für ihren würzigen Weichkäse und ihre drei hier gebrauten Abteibiere (www.maredsous.be).

Gut 12 km weiter wartet das **Lustschloss von Annevoie-Rouillon** (18. Jh.) im Park von Annevoie, der neben französischen, italienischen und englischen Stilelementen den einzigen Wassergarten Belgiens aufweist. An Pfingsten und Mitte September wird ein Gartenfest veranstaltet (www.annevoie.be).

Spontin 19

Der Ort im Flusstal des Bocq ist für seine Mineralquellen und die Burg (12.–19. Jh.) bekannt. Sie liegt mitten im Fluss und liefert ein Paradebeispiel früher Festungsarchitektur, an der bauliche Veränderungen von der Gotik bis hin zur Renaissance nachvollziehbar sind. Die Burg befindet sich in Familienbesitz und ist nicht zugänglich. Da mag ein Besuch in der rund 5 km westlich gelegenen historischen Brauerei des Bocqs › **S. 34** trösten.

*Namur 20

Die Hauptstadt (110 000 Einw.) der Provinz Namur wurde in der Römerzeit am strategisch wichtigen Zusammenfluss von Sambre und Meuse gegründet. Sie war häufig Kriegsschauplatz. Ein Relikt dieser Zeit ist die **Zitadelle** über der Stadt, die einen prächtigen Ausblick bietet. Von April bis Oktober lockt hier der Parc Attractif Reine Fabiola mit Attraktionen für Kinder (www.parf.be). Sehenswert sind zudem die klassizistische **Kathedrale St.-Aubain** und die reich dekorierte, ehemals jesuitische **Barockkirche St.-Loup.**

Das **Diözesanmuseum** neben der Kathedrale lohnt wegen seiner Kunstschätze (11.–13. Jh.) einen Besuch. Herrliche Goldschmiedearbeiten von Hugo d'Oignies (13. Jh.) zeigt das **Institut des Sœurs de Notre-Dame.** Die alte Fleischhalle (16. Jh.) beherbergt heute das **Musée Archéologique** mit einer Sammlung merowingischer Kleinkunst und diversen archäologischen Funden.

Information

Office de Tourisme
Square Léopold
5000 Namur
Tel. 081/24 64 49
www.mtpn.be

Hotels

Château de Namur ●●●
Landschloss auf einem Berg unterhalb der Zitadelle mit 29 schlicht-eleganten Zimmern in Pastelltönen.

- 1, avenue Ermitage
- Tel. 081/72 99 00
- www.chateaudenamur.com

New Hotel de Lives ●●
Best-Western-Hotel im Park am Hochufer der Maas. 20 Komfortzimmer in einem Landhaus aus dem 19. Jh.

- 1178, Chaussée de Liège
- Lives sur Meuse
- Tel. 081/58 05 13
- www.newhoteldelives.com

Zwischenstopp: **Restaurants**

La Bergerie ●●●
Köstlich speisen in einem romantischen Park; feine Lammspezialitäten.

- 100, rue de Mosanville
- Lives sur Meuse
- Tel. 081/58 06 13
- www.bergerielives.be
- So abends, Mo und Di geschl.

La Petite Fugue ●●
Schickes modernes Restaurant, sehr gute französische Küche.

- 5, place Chanoine Descamps
- Tel. 081/23 13 20
- www.lapetitefugue.be

Shopping

An der östl. Zufahrt zur Zitadelle entführt die Parfümerie **Guy Delforge** im alten Grafenschloss mit Verkaufsausstellung und Führungen ins Reich der Düfte.

- Château des Comtes
- www.delforge.com
- Mo–Sa 10–17.30, So, Fei 14–18 Uhr

› Karte S. 54

*Huy 21

Seit dem 7. Jh. pflegt die Stadt (21 000 Einw.) die Tradition der Zinngießerei. Als einer der bedeutendsten hochgotischen Bauten Belgiens gilt die Stiftskirche Notre-Dame aus dem 14./15. Jh. mit ihrer romanischen Krypta. Berühmt sind die mächtige Fensterrosette »Li Rondia«, der Kirchenschatz mit vier Reliquienschreinen aus dem 12./13. Jh. und das Bethlehem-Portal.

Erst-! klassig

Auf der **Grand-Place** befindet sich vor dem Rathaus der Brunnen **Li Bassinia** (18. Jh.), bei dessen Bau man ältere Bronzefiguren wieder verwendete. Im **Gemeindemuseum** (früher Franziskanerkloster, 17. Jh.) werden Sammlungen zur Lokalgeschichte gezeigt.

Die **Zitadelle** (19. Jh.; per Seilbahn erreichbar), einst Staatsgefängnis, war im Zweiten Weltkrieg Durchgangslager für Menschen, die das Nazi-Regime als »unwertes Leben« einstufte und ermordete – ein Thema im kleinen Résistance-Museum.

Ein Abstecher ans andere Ufer der Meuse zur Zisterzienserinnenabtei Marche-les-Dames (12. Jh.) empfiehlt sich 9 km hinter Andenne. Eine Gedenktafel am Felsen erinnert an den Tod König Alberts I., der hier 1934 bei einer Klettertour abstürzte.

Erst-! klassig

Information

Maison de Tourisme

- 1, quai de Namur
- 4500 Huy
- Tel. 085/21 29 15
- www.pays-de-huy.be

Hotel

Du Fort ●

Historisch und schlicht, aber gut geführt. Unterhalb der Festung.

- 6, Chaussée Napoléon
- Tel. 085/21 24 03
- www.hoteldufort.be

Zwischenstopp: **Restaurant**

Li Cwerneu ●●

Stilvolles Ambiente und originell-moderne Küche. Reservierung ratsam.

- 2, Grand-Place
- Tel. 085/25 55 55
- Di–Sa ab 18 Uhr

Amay und Schloss Jehay 22

Bei Umbauarbeiten an der romanischen **Stiftskirche St. Georges et Ste. Ode** von Amay (13 800 Einw.) wurden bedeutende Relikte aus merowingischer Zeit entdeckt, u.a. der Sarkophag der hl. Chrodoara, der sie als Äbtissin mit einem Stab zeigt. Im linken Querschiff steht ein wundervoller Reliquienschrein (13. Jh.).

Hinter der Kirche führt eine Nebenstraße zum Wasserschloss Jehay, einem Herrensitz aus dem 16. Jh. mit auffälliger Fassade im Schachbrettmuster. Zur romantischen Anlage gehört ein Skulpturengarten mit Elfen und Najaden (April–Sept. Di–Fr 14–18, Sa, So 11–18 Uhr). Reste eines Pfahlbaudorfes bezeugen eine Besiedlung des Gebietes bereits in der Mittelsteinzeit.

Erst-! klassig

Das Antwerpener Stadhuis mit dem Brabo-Brunnen

Nordöstliche Provinzen

Das Beste!

- Ein Besuch in der einst bedeutendsten Buchdruckerei der Welt in Antwerpen › S. 77
- Das Rathaus von Leuven, ein Stein gewordenes Schmuckkästchen › S. 82
- Ein Schlückchen Jenever direkt vom Fass in Hasselt › S. 84
- Im Freilichtmuseum Bokrijk ins Leben der Urgroßeltern eintauchen › S. 85

› Karte S. 72/75

Die Provinzen Limburg, Antwerpen und Flämisch Brabant atmen Mittelalter wie Moderne gleichermaßen. Die grüne, flache Landschaft zwischen so ehrwürdigen wie lebhaften Städten wie Leuven, Tongeren und Antwerpen ist ein Dorado für Radfahrer.

Die Provinzen Limburg, Antwerpen und Flämisch-Brabant bilden den Norden und Osten Belgiens. Kanäle durchziehen das flache grüne Land, akzentuiert von Geländewellen oder Hügeln – das ideale Terrain für gemütliche Radtouren. Limburg gilt als besonders fahrradfreundlich. Ihr dichtes, mehr als 750 km langes Radwegenetz ist mit nummerierten und beschilderten Knotenpunkten markiert, die die Orientierung auf den Wegen ganz einfach machen.

Unterwegs trifft man in kurzen Abständen auf Dörfer sowie kleinere und größere Städte. Fast alle hüten stattliche Zeugnisse vergangener Bedeutung. Tongeren ganz im Osten kann sogar mit einem römischen Erbe aufwarten. Aus der Reihe der kleinen Kunststädte ragen einige ganz besonders heraus: die ehrwürdige Universitätsstadt Leuven und die Glockenspielerstadt Mechelen.

Da und dort haben sich auch einige Fleckchen fast unberührter Natur erhalten: Der recht junge Nationalpark Hoge Kempen zwischen Maas und Schelde erfreut mit Tannenwäldern und Heideflächen. Weiter Richtung Antwerpen stellt die Kalmthoutse Heide den letzten Rest eines einst ausgedehnten Heidelandes dar.

Die Hafenstadt Antwerpen ist das Glanzlicht der Region. Hier ist internationales Flair zu spüren, hier blühen Diamantenhandel, Warenumschlag und Tourismus. Antwerpen ist eine Weltstadt – wenn auch vielleicht die kleinste der Welt.

Peter Paul Rubens' Kreuzabnahme in der Liebfrauenkathedrale von Antwerpen

Touren in der Region

Tour 9 Steeplechase – Von Turm zu Turm

Tour-Übersicht:

Verlauf: **Tongeren › Sint-Truiden › Zoutleeuw › Tienen › Leuven › Mechelen › Lier › Antwerpen**

Dauer: 2 Tage

Praktische Hinweise:

- Zwar bestehen zwischen den einzelnen Städten gute Bus- oder Zugverbindungen, doch wird man eine ausführliche Erkundung der Region wahrscheinlich mit dem Auto vornehmen.

Tour-Start:

Steeplechase – ein Rennen von Kirchturm zu Kirchturm – war in früherer Zeit ein beliebtes Sonntagsvergnügen englischer Gentlemen. Eine Auswahl sehenswerter (wenngleich meist unvollendeter) Türme findet sich im nördlichen Belgien. ***Tongeren** › S. 86 mit dem Turm der gotischen Liebfrauenbasilika ist der Startpunkt der Tour. Der herausragende Turm von **Sint-Truiden** › S. 85 gehört nicht der Kirche, sondern den Bürgern: der Belfried neben dem eleganten klassizistischen Rathaus.

Die Leonarduskirche in **Zoutleeuw** › S. 86 ist wegen ihrer prächtigen Ausstattung allemal einen Abstecher wert. Der zierliche Turm über der Vierung ist zugleich der Glockenturm der Stadt.

Mit zwei schönen Kirchtürmen kann **Tienen** › S. 83 aufwarten, wenn auch beide unvollendet geblieben sind und mit barocken Helmen Vorlieb nehmen müssen.

In der Universitätsstadt ****Leuven** › S. 81 mussten ebenfalls hochfliegende Pläne begraben werden: Der geplante mächtige Turm ist als Stumpf stecken geblieben. Ein Modell in der Kirche zeigt, was hätte werden können, wenn …

Auch in ****Mechelen** › S. 80 haben die Träume der Realität nicht standgehalten: Von den geplanten 168 m wurden nur 97 m realisiert – in schönster Brabanter Hochgotik.

Die Gummaruskirche in ****Lier** › S. 81 ist ebenfalls unvollendet, doch trägt sie ihren flachen Helm mit großer Würde. Lier kann freilich einen anderen Turm ins Feld führen: Den Zimmerturm mit seiner erstaunlichen Kunstuhr, die dem erstaunten Betrachter mehr anzeigt, als man je zu wissen hoffte.

Und dann erreicht man *****Antwerpen** › S. 74, die Schöne an der Schelde, und hier endlich zeigt sich am Liebfrauendom, dem größten Sakralbau Belgiens, was flämische Baumeister zustande bringen konnten, wenn die Umstände günstig waren: 123 m misst der Turm, und die gotische Leichtigkeit und Eleganz, Würde und Pracht des Gotteshauses schlägt jeden in seinen Bann.

› Karte S. 72

Tour 10 Radtour durchs Kempenland

Tour-Übersicht:

Verlauf: **Turnhout › Zondereigen › Baarle-Hertog › Poppel › Hooge Mierde › Oud-Turnhout › Turnhout**

Dauer: 1 Tag

Praktische Hinweise:

- Fahrradverleih am Bahnhof Turnhout, Tel. 03/2 29 56 76 (April bis Sept.). Länge der Tour: 55 km.

Informationen:
Touristeninfozentrum 't Steentje
Grote Markt 44
2300 Turnhout
Tel. 014/44 33 55
www.turnhout.be (unter Cultuur)

Tour-Start:

Die Hauptstadt des Kempenlandes ist **Turnhout,** ein Provinzstädtchen mit stattlicher Kirche und schönem Beginenhof, wo sich für die Übernachtung das schmucke B&B Haus

De Joker (●–●●, Glazenierstraat 37, 2300 Turnhout, Tel. 0478/28 52 72, www.dejoker.be) anbietet.

Es geht zunächst nach Westen Richtung Merkplas, dann aber schon bald nach Norden und über kleine Straßen nach **Zondereigen**. Gleich danach überquert man die Grenze nach Holland und landet – wieder in Belgien.

Das Örtchen **Baarle-Hertog** ist eine belgische Exklave, die zusammen mit dem holländischen Dorf Baarle-Nassau am selben Fleck existiert. Einträchtig nebeneinander stehen Häuser mit holländischen oder belgischen Hausnummern, ja, ein Haus gehört sogar zur einen Hälfte zu Belgien, zur anderen zu den Niederlanden. Von Baarle-Hertog aus geht es nach **Poppel** und dann durch das Heide- und Moorgebiet **Hooge Mierde.** Über Arendonk erreicht man schließlich **Oud-Turnhout** mit dem prächtigen Klostergebäude der einstigen Priorei Corsendonk. Von hier aus radelt man nur ein paar Minuten bis zum Ausgangspunkt **Turnhout.**

Wichtige Adressen

- **Toerisme Provincie Antwerpen**
  Koningin Elisabethlei 16
  2018 Antwerpen
  Tel. 03/2 40 63 73
  info@tpa.be
- **Toerisme Limburg**
  Universiteitslaan 3,
  3500 Hasselt,
  Tel. 011/30 55 00,
  info@toerismelimburg.be
- **Toerisme Vlaams-Brabant**
  Provincieplein 1
  3010 Leuven
  www.toerismevlaamsbrabant.be

Touren im Nordosten

Tour 9

Steeplechase – Von Turm zu Turm

Tongeren › Sint-Truiden › Zoutleeuw › Tienen › Leuven › Mechelen › Lier › Antwerpen

Tour 10

Radtour durchs Kempenland

Turnhout › Zondereigen › Baarle-Hertog › Poppel › Hooge Mierde › Oud-Turnhout › Turnhout

› Karte S. 75

Unterwegs im Nordosten

***Antwerpen 1

Neben Brüssel bildet die Hauptstadt (507 000 Einw.) der gleichnamigen Provinz den zweitgrößten Ballungsraum Belgiens. Ihre Bedeutung gewinnt sie durch ihre modernen Hafenanlagen, die zu den leistungsfähigsten der Welt zählen, sowie durch die Automobil-, die Chemie- und die Modeindustrie. Auch in der Vergangenheit bestimmte der Hafen die Entwicklung der Stadt. Handel und Wirtschaft schufen eine weltoffene Atmosphäre, in der Kunst und Kultur blühten.

Onze-Lieve-Vrouwe-Kathedraal

Het Steen A

Die Burg mit den Grundmauern aus dem 9. Jh. ist der markanteste Blickfang am Schelde-Kai und ältester Siedlungsrest der Stadt, die im 8. Jh. an der Schelde gegründet wurde. Zur Residenz der Markgrafen wurde die Festung zu Beginn des 16. Jhs. umgebaut. Die dunklen Reste des ursprünglichen Baus kann man leicht von den in hellem Sandstein neu entstandenen Teilen unterscheiden. Etwas weiter nördlich eröffnete im Mai 2011 auf **Het Eilandje** das neue **MAS** u. a. mit dem sehenswerten *Nationalen Schifffahrtsmuseum, sowie einem Folklore- und einem ethnografischen Museum (Di–So 10–17 Uhr, www.mas.be). Das alte Hafenviertel hat sich in den vergangenen Jahren zu einem angesagten Szeneviertel mit schicken Lofts und Bars gemausert.

Die Uferstraße Kaaien, die am Steen entlangführt, eröffnet den schönsten Rundblick über die Schelde. Am nördlichen Horizont lassen sich die Ladebäume des modernen Hafens ausmachen, stadteinwärts beherrscht der majestätische Turm der **Liebfrauenkathedrale** das Bild. Hier kann man gut nachvollziehen, dass Antwerpen einst eine einflussreiche Hansestadt war. 1565 war es mit mehr als 100 000 Einwohnern nach Paris die größte Stadt nördlich der Alpen. Im Krieg zwischen den reformierten Niederländern und den katholischen Spaniern riegelten die Niederländer die

Erst-! klassig

Schelde ab und leiteten damit den Niedergang der Stadt ein. Erst unter Napoleon wurde die Schelde wieder frei. Als Haupthafenstadt der Kolonialmacht Belgien gelangte Antwerpen um die Wende zum 20. Jh. zu neuem Reichtum.

*Vleeshuis B

Im 16. Jh erbauten sich die Antwerpener Fleischer ihr spätgotisches Zunfthaus. Die weißen Sandsteineinlagen zwischen den roten Ziegeln der Fassade erinnern an durchwachsenen Speck. Die obere Etage diente den Fleischern als Sitzung-, die untere als Verkaufsraum. Geschlachtet wurde in der Gasse davor. Heut widmet sich hier das Museum ***Klank van de Stad** der Geschichte der Stadtmusik (Di–So 10–17 Uhr, www.museumvleeshuis.be).

*St.-Pauluskerk C

Die spätgotische Dominikanerkirche (16. und 17. Jh.) auf dem Vee-

- **A** Steen
- **B** Vleeshuis
- **C** St.-Pauluskerk
- **D** St.-Carolus-Borromeuskerk
- **E** St.-Jacobskerk
- **F** Rubenshaus
- **G** Diamantmuseum
- **H** Museum Plantin-Moretus
- **I** Onze-Lieve-Vrouwekathedraal
- **J** Grote Markt
- **K** Museum Mayer van den Bergh
- **L** Koninklijk Museum voor Schone Kunsten
- **M** Museum voor Hedendaagse Kunst
- **N** Modemuseum MoMu

markt wird von einem barocken Glockenturm überragt und ist üppig ausgestattet mit Skulpturen und Gemälden flämischer Meister. Besonders eindrucksvoll sind der Hauptaltar, die Beichtstühle und eine Geißelung Christi im linken Querhaus.

St.-Carolus-Borromeuskerk D

Nicht zu übersehen ist die überaus prächtige Fassade dieser Kirche am Hendrik Conscienceplein. An den Plänen dafür soll Peter Paul Rubens mitgewirkt haben, auch die Gemälde des Deckenschmucks stammen aus seiner Werkstatt.

St.-Jacobskerk E

Mit dem Bau der spätgotischen Jakobskirche wurde gegen Ende des 15. Jhs. begonnen, rund 200 Jahre später war sie fertiggestellt. Die kreuzförmige Basilika bietet mit ihren beidseitigen Kapellenreihen und dem Kapellenkranz des Chors viel Raum für die reich geschmückten Grabmäler einflussreicher Bürger.

In einer Grabkapelle hinter dem barocken Hochaltar seiner Pfarrkirche fand Peter Paul Rubens (1577–

SEITENBLICK

Der Meister des Barock

Peter Paul Rubens wurde am 28. Juni 1577 im westfälischen Siegen geboren, wohin sein Vater, ein Rechtsgelehrter aus Antwerpen, vor den Wirren der Gegenreformation geflohen war. Nach dem Tod des Vaters kehrte er im Jahr 1589 in die Heimatstadt der Eltern zurück und erhielt dort eine vom Geist des Humanismus geprägte Ausbildung. Als 23-Jähriger ging er nach Italien und wurde Hofmaler des Herzogs Gonzaga in Mantua, der den jungen Mann auch mit diplomatischen Missionen betraute.

Als er 1608 wieder nach Antwerpen zurückkehrte und dort eine Werkstatt gründete, begann seine unvergleichliche Karriere: Aus seinem Atelier ging eine unerschöpfliche Zahl von Werken hervor, von denen er ca. 600 mit eigener Hand geschaffen hat. Unter anderem arbeiteten Antonis van Dyck, Jacob Jordaens und Jan Brueghel in seiner Werkstatt. Fast alle denkbaren Sujets griff Rubens auf und bearbeitete sie mit nie versiegendem Ideenreichtum: Landschaften, Porträts, biblische, mythische, historische Szenen. Seine Anregungen bezog er sowohl aus seinen italienischen Jahren, in denen er neben den Gemälden von Tizian, Michelangelo und Leonardo da Vinci auch die Werke der Antike kennen gelernt hatte, wie auch aus den Bildwelten seiner niederländischen Landsleute. Groß angelegte Historienpanoramen erfüllte er mit seiner Farbenglut und überströmender Sinnlichkeit, dann wieder schuf er mit zartesten Rötelstrichen kleine, intime Bildnisse seiner Angehörigen.

Schon zu Lebzeiten ein berühmter und gefragter Künstler, der sich neben einem großzügigen Stadtpalais auch ein Landhäuschen leisten konnte, gilt Peter Paul Rubens heute nahezu als Inkarnation barocker Ausdruckskraft.

1640) seine letzte Ruhestätte. Die Kapelle schmückt eine »Jungfrau mit Heiligen«, eines seiner späten Gemälde, weitere Bilder stammen von seinem Schüler Jacob Jordaens.

Rubenshaus F

Im 17. Jh. erreichte das kulturelle Leben der Stadt seinen Höhepunkt. Peter Paul Rubens, der bedeutendste Maler Antwerpens, kaufte 1610 das repräsentative Stadtpalais, das sich am Vorbild italienischer Palazzi orientiert. Innenhof und Gartenanlage werden von dem **Portikus** getrennt. Neben den prachtvoll ausgestatteten Wohnräumen sind das Atelier und das Kunstkabinett des Malers, eigene Werke und Arbeiten seiner Schüler, aber auch Bilder aus Rubens' bedeutender Kunstsammlung zu besichtigen (Di–So 10–17 Uhr, www.rubenshuis.be, vergünstigtes Kombi-Ticket für das Rubenshuis und das Museum Mayer van den Bergh).

Erst-! klassig

Diamantmuseum G

Eine Pause in einem der Straßencafés in De Keyserlei bietet sich an, bevor man beim Anblick der funkelnden Schätze im Diamantmuseum die Bodenhaftung verliert. Exponate aus fünf Jahrhunderten zeugen von Macht und Fachkenntnis der hiesigen Experten. 85 % des weltweiten Juwelenhandels werden in den Kontoren Antwerpens abgewickelt (tgl. außer Mi 10–17.30 Uhr).

Für eine der zwei geführten »Diamantenwanderungen« kann man sich bei Tourism Antwerp › S. 79 anmelden.

***Museum Plantin-Moretus H

Anno 1549 gründete der Buchdrucker Christoph Plantin seine Druckerei, die einzige, die unter Philipp II. das Recht besaß, Mess- und Gebetsbücher für das Spanische Reich – und das war damals die halbe Welt – zu drucken. Unter seinem Schwiegersohn Moretus und dessen Nachkommen arbeitete die Druckerei bis weit ins 19. Jh. hinein. Anschließend wurde das Renaissance-Gebäude mitsamt Druckwerkstatt, Setzerei und Kontor als Museum eingerichtet. Außer einer Ausstellung zur Geschichte des Buches sind kostbare Drucke, u.a. eine der 13 erhaltenen Gutenbergbibeln, die Biblia Regia, zu sehen. Es wurde 2005 als erstes Museum in die Liste des Weltkulturerbes der UNESCO aufgenommen (Di–So 10–17 Uhr, www.plantin-moretus.be).

**Onze-Lieve-Vrouwe Kathedraal I

Mit seinem 123 m hohen Turm ist der Liebfrauendom der mächtigste Sakralbau Belgiens. Auf Betreiben der Bürgerschaft begann man 1352 mit dem Bau, der 1521 vollendet werden konnte. Fünf Kapellen umgeben den Chor. Außen umstellen Läden und Cafés die Kathedrale. Zwei Brände, 1443 und 1533, Bilderstürmer und Plünderungen beschädigten die Kathedrale und dezimierten ihre Ausstattung.

Doch beeindruckt der schmucklose Innenraum durch seine ausgewogenen Proportionen. So entfalten zwei Werke von Peter Paul

› Karte S. 75

Schätze des Museum Mayer van den Bergh

Rubens unbeeinträchtigt ihre Wirkung: **Die Kreuzaufrichtung** und **Die Kreuzabnahme.**

Erst-klassig Im Sommer finden jeden Freitag Orgelkonzerte in der Kathedrale statt (www.akc-orgel.be).

Stadhuis und Grote Markt J

Cornelis de Vriendt erbaute von 1561 bis 1566 das prächtige **Rathaus** an der Westseite des **Grote Markt** im prunkliebenden flämischen Renaissancestil. Es harmoniert mit den umstehenden gotischen Häusern, die jedoch zum Teil erst im 19. Jh. nach alten Plänen wieder hergestellt wurden. Sein Giebelschmuck weist auf die Zünfte und Gilden als frühere Hausbesitzer hin (Nr. 5, Haus der Böttcher; Nr. 7, Haus der Armbrustschützengilde; Nr. 11, Haus der Krämer). **Erst-klassig** Im Zentrum des Marktplatzes, des historischen Zentrums der Stadt, steht der **Brabo-Brunnen.** Er zeigt die Entstehungslegende der Stadt: Der Riese Antigon schlug den Schelde-Schiffern, die ihm keinen Wegzoll entrichteten, die Hände ab und warf diese in den Fluss (Hand werpen = Antwerpen). Schließlich soll der römische Legionär Silvio Brabo den Riesen überwältigt und den Grundstein zu einer Siedlung gelegt haben.

*Museum Mayer van den Bergh K

Zu sehen sind einzigartige Werke wie die »Dulle Griet« von Pieter Brueghel d. Ä. sowie Gemälde von Dirk Bouts und Quentin Metsys. Hinzu kommen mittelalterliche Skulpturen, Möbel, Fayencen, Elfenbeinarbeiten und Buchmalereien (Di–So 10–17 Uhr, www.museummayervandenbergh.be).

**Koninklijk Museum voor Schone Kunsten L

Ein klotziger neuklassizistischer Bau beherbergt das Königliche Museum der Schönen Künste, die umfangreichste Sammlung niederländischer Malerei Belgiens. Wegen umfassender Renovierungsarbeiten ist das Haus noch bis voraussichtlich 2017 geschlossen, ausgewählte Werke sind jedoch in anderen Museen der Stadt zu sehen (Info auf www.kmska.be).

**Museum voor Hedendaagse Kunst M

Ein umgebauter Getreidespeicher beherbergt das Museum für zeitgenössische Kunst, in dem Exponate und Wechselausstellungen aus dem gesamten Spektrum moderner Kunst zu erleben sind (Di–So 10–17, Do bis 21 Uhr; www.muhka.be).

Modemuseum MoMu Ⓝ

Zwischen hippen Boutiquen und gestylten Garagenshops rund um die Nationalestraat präsentiert das Modemuseum in zwei Themenausstellungen pro Jahr neben klassischen Stücken auch die radikalen Modestatements der Postmoderne. Dries van Noten, Martin Margiela, Ann Demeulemeester, Dirk Bikkembergs und Walter van Beirendonck zeigen ihre schrillsten Entwürfe, Absolventen des Flanders Fashion Institute finden hier ein geeignetes Forum für ihre textilen Fantasien (während der Dauer der Ausstellungen Di–So 10–18 Uhr, www.momu.be).

Info

Tourism Antwerp

- Grote Markt 13
- 2000 Antwerpen
- Tel. 03/232 01 03
- www.visit.antwerpen.be

Hotels

Colombus ●●●

Konservativ-gediegen eingerichtetes 32-Zimmer-Haus an der Flämischen Oper; Internetzugang, Schwimmbad, großzügiges Frühstücksbüffet.

- Frankrijklei 4
- Tel. 03/233 03 90
- www.colombushotel.com

De Witte Lelie ●●●

Drei schmucke Altstadthäuser aus dem 16. Jh. beherbergen individuell gestaltete Zimmer.

- Keizerstraat 16–18
- Tel. 03/226 19 66
- www.dewittelelie.be

Industrie ●●

Gepflegtes Hotel mit 13 Zimmern in einem alten Herrenhaus in ruhiger Innenstadtlage.

- Emiel Banningstraat 52
- Tel. 03/238 66 00
- www.hotelindustrie.be

Leonardo Hotel Antwerpen ●●

Praktisches, modernes Quartier 50 m vom Hauptbahnhof mit komfortablen Zimmern und 9 Suiten; eigene Tiefgarage, Bar und Business Center.

- de Keyserlei 59
- Tel. 03/232 14 43
- www.leonardo-hotels.com

Zwischenstopp: Restaurants

Rooden Hoed ●●

Antwerpens angeblich ältestes Restaurant (gegr. 1750) – mit Blick auf die Liebfrauen-Kathedrale – ist bekannt für seine Muschel- und Eisspezialitäten.

- Oude Koornmarkt 25
- Tel. 03/233 28 44
- Tgl. 12–14.30, 18–22.30 Uhr.

TakeTwo ●–●●

Schick gestyltes Lokal im Kinokomplex Metropolis, interessante Fusion-Küche.

- Groenendaallaan 408
- Tel. 03/542 33 85
- Tgl. 10–23 Uhr.

Cullinan ●

Sympathisches kleines Bio-Lokal südlich vom Stadspark im alten jüdischen Viertel. Große Auswahl an vegetarischen und makrobiotischen Gerichten, aber auch Fisch und Fleisch stehen auf der Karte.

- Isabellalei 1
- Tel. 03/230 16 60
- So, Mo geschl.

› Karte S. 72

Der Grote Markt von Mechelen

**Mechelen 2

Die beschauliche Stadt (82 500 Einw.) an der Dijle, seit Mitte des 16. Jhs. Sitz des belgischen Erzbistums, erlebte ihre Blüte unter der Statthalterin Karls V., Margarete von Österreich. An ihrem Hof verkehrten Erasmus von Rotterdam, Thomas Morus und Albrecht Dürer. 1572 brannten die Spanier die Stadt nieder.

Mittelpunkt ist der **Grote Markt** mit der Statue der Margarete von Österreich vor der markanten Fassade des **Rathauses.** Das gotische Palais, dessen fein gegliederte Fassade erst im 19. Jh. nach alten Plänen fertig gestellt wurde, und die massive einstige Tuchhalle vervollständigen das Ensemble.

Der 97 m hohe Turm der gotischen **St.-Romboutskathedraal** wurde um 1400 als höchstes Wahrzeichen der Christenheit geplant (167 m), doch endeten die Bauarbeiten vorzeitig. Im weitgehend barocken Innenraum mit sieben Chorkapellen verdient eine Darstellung der »Kreuzigung« von Antonis van Dyck im rechten Querschiff besondere Beachtung. Das Glockenspiel im Turm erklingt bei kostenlosen Konzerten (Juni–Sept. Mo 20.30 Uhr).

Erst-! klassig

Die Besichtigung der **St.-Janskerk** lohnt insbesondere wegen Peter Paul Rubens' Hochaltartriptychon »Anbetung der Könige«. Verbliebener Rest der Stadtbefestigung ist das **Brüsseler Tor** (14. Jh.). Mechelen ist ein Zentrum der Glockenspielkunst und besitzt die einzige **Glockenspielerschule** des Landes. Im Hof van Busleyden steht ein Spiel mit 49 Glocken, auf dem regelmäßig Konzerte gegeben werden.

Info

Toerisme Mechelen
- Hallestraat 2–6
- 2800 Mechelen
- Tel. 070/22 00 08
- www.tourismusmechelen.be

Hotels

NH Mechelen ●●
Stilvoll eingerichtetes Hotel (43 Zi.) im Altstadtzentrum, mit angeschlossenem Restaurant.
- Korenmarkt 24
- Tel. 015/42 03 03
- www.nh-hotels.com

Refuge Lindenhof ●
Mitten in der Altstadt liegt dieses Renaissancehaus mit Garten.
- Marterstraat 1
- Tel. 015/27 14 77
- www.refugelindenhof.be

Zwischenstopp: **Restaurants**

D'Hoogh ●●●

- Vornehmes Speiselokal in ehemaliger Patrizierwohnung mit großem und kleinem Saal unter Stuckdecken; feine Fisch- und Fleischgerichte à la Carte und Menüs.
- Grote Markt 19
- Tel. 015/21 75 53
- www.dhoogh-restaurant.be
- Sa mittags, So abends, Mo, Di geschl.

Brasserie Het Anker ●●

Unbedingt das berühmte dunkle Bier Gouden Carolus probieren!

- Guido Gezellelaan 49
- Tel. 015/28 71 41
- www.hetanker.be

**Lier 3

Als »die hübscheste Stadt Belgiens« beschrieb der Schriftsteller Felix Timmermans (1866–1947) seinen Geburtsort (33 300 Einw.) an der Nete. Am **Grote Markt** mit seinen Zunfthäusern wird die elegante Rokokofassade des Rathauses vom gotischen **Belfried,** dem Rest der Tuchhalle, überragt. In der spätgotischen **St.-Gommaruskerk** mit ihrem mächtigen viereckigen Turm mit Glockenspiel sind die Apostelfiguren an den Rundpfeilern, der dreibogige Lettner im Flamboyantstil und die Fenster sehenswert.

Gegenüber steht das älteste Bauwerk der Stadt, die frühromanische **St.-Pieters-Kapelle.** Am anderen Flussufer fällt der Blick auf den Zimmerturm (Zimmertoren) mit der astronomischen Uhr. In diesem Turm, einst Teil der mittelalterlichen Stadtbefestigung, wurde ein Museum mit Werkstücken des Uhrmachers Ludwig Zimmer (1888–1970) eingerichtet (Zimmerplein 18, Di–So 9–12, 13.30–17.30 Uhr).

Erst-klassig

Der älteste ***Beginenhof** Flanderns wird von einem schönen Barockportal abgeschlossen.

Herentals

Das Provinzstädtchen (27 500 Einw.) 15 km nordöstlich von Lier beeindruckt mit zwei Stadttoren (14. Jh.) und der gotischen **St.-Waldetrudiskerk** mit viereckigem Turm und romanischem Taufbecken. Der Beginenhof wurde während der Religionskriege zerstört; seine wieder errichteten Häuschen stehen im Schatten einer kleinen gotischen Kirche.

**Leuven 4

6

Leuven (98 000 Einw.) zählt sich mit Fug und Recht zu den bedeutendsten flämischen Kunststädten. Die 1425 gegründete Universität ist die älteste Belgiens. Im Mittelalter machte der Tuchhandel viele Leuvener Bürger reich. Nach einem fehlgeschlagenen Aufstand der Zünfte gegen die Aristokraten im Jahr 1378 verließen die meisten Weber Leuven. Mit ihnen verschwand auch der Wohlstand aus der Stadt. Erst die Gründung der Universität brachte der Stadt neuen Aufschwung. Erasmus von Rotterdam gründete hier sein Kolleg für Hebräisch, Griechisch und Latein.

› Karte S. 72

Erst-! klassig

Das 1439–1469 errichtete spätgotische Stadhuis am Grote Markt ist ein atemberaubendes Schmuckstück gotischer Architektur: filigrane Bögen türmen sich über drei Stockwerke. In den Nischen stehen 236 Statuen von Heiligen, Königen, Gelehrten und Dichtern. Vier Fensterreihen mit hochgezogenen Spitzdächern lockern das Schieferdach auf; die Schmalseiten schließen mit eleganten Türmen und einem Spitztürmchen auf dem Dachfirst ab. Im Inneren sind u.a. Werke des Bildhauers Constantin Meunier (1831–1905) zu sehen.

Gegenüber erhebt sich die in Brabanter Spätgotik erbaute **Sint-Pieterskerk**. Der Innenraum besticht durch seine klare Linienführung. Den Chorraum grenzt ein dreibogiger Lettner ab, die üppige Barockkanzel schmücken Szenen aus dem Leben des hl. Norbert und die Verleumdung Petri. Die **Schatzkammer** besitzt prächtige Altartafeln von Dirk Bouts (Mo–Fr 10–17, Sa 10–16.30, So 14–17 Uhr; 15. Okt.–15. März Mo geschl.).

Rund um die Naamsestraat haben sich noch einige historische Gebäude des Kollegs und der Universität erhalten. Die **Universitätshalle,** im 14. Jh. als Tuchhalle erbaut, wurde 1914 zerstört und nach alten Plänen wieder aufgebaut; das Papstkolleg (18. Jh.) wurde von Papst Hadrian VI. gegründet. Ebenfalls an der Naamsestraat prunkt die **Sint-Michielskerk** mit einer flämischen Barockfassade.

Der ***Große Beginenhof** an der Dijle, der zum UNESCO-Weltkulturerbe gehört, entstand im 13. Jh.; ein Großteil der Gebäude stammt jedoch aus dem 17. Jh. Heute befindet sich darin das sicherlich schönste Studentenwohnheim der Welt.

Leuven ist Stammsitz der bekannten Traditionsbrauerei Stella Artois (18. Jh.). Nach Voranmeldung unter www.breweryvisits.be kann man sie besuchen.

Erst-! klassig

Im Juli findet jeden Freitagabend »Beleuvenissen« statt, ein kostenloses Musikfestival in der Innenstadt, und Mitte August das Openair-Festival »Marktrock« u.a. auf dem Oude Markt.

Jeden Samstag wird auf dem Mathieu de Laeyensplein und der Mechelsestraat ein bunter Flohmarkt abgehalten (8–18 Uhr).

Info

Tourismus Leuwen

- Naamsestraat 1
- 3000 Leuven
- Tel. 016/20 30 20
- www.leuven.be

Hotels

Binnenhof ●●●

60 moderne Zimmer in Pastellfarben; Dachterrasse.

- Maria-Theresiastraat 65
- Tel. 016/20 55 92
- www.hotelbinnenhof.be

Theater Hotel ●●–●●●

21 modern-schlichte Komfortzimmer mit kostenlosem Internet-Zugang. Schöner Frühstücksraum.

- Bondgenotenlaan 20
- Tel. 016/22 28 19
- www.theaterhotel.be

Das Rathaus von Leuven gilt als eines der schönsten Bauwerke der Spätgotik

Gasthof de Pastorij ●●
Charmantes und komfortables B & B in einer ruhigen zentrumsnahen Straße.
- Sint-Michielsstraat 5
- Tel. 016/82 21 09
- www.depastorij.be

Zwischenstopp: **Restaurant**

Brasserie De Wiering ●●
Uriges Café-Restaurant mit Dachterrasse; große Speisenauswahl, 70 Biersorten.
- Wieringstraat 2
- Tel. 016/29 15 45
- Tgl. 11.30–23 Uhr.

Tienen 5

Tienen (33 000 Einw.) im Ackerland des Haspengaus gilt als Zentrum der Zuckerproduktion. Direkt am Grote Markt steht die gotische **Onze-Lieve-Vrouw-ten-Poelkerk,** die aber bis auf den Chor, das Querschiff und den eleganten Turm nie vollendet wurde. Das **Museum Het Toreke** im einstigen Gefängnis (16. Jh.) zeigt Keramik- und Goldschmiedearbeiten (Di–So 10–17 Uhr). Am **Wolmarkt** verdienen die Renaissancehäuser (Nr. 19 und 21) Beachtung. In der **St.-Germanuskerk** nahe dem Veemarkt sind Glockenspielkonzerte zu hören (Sept.–Juni So 11.15–12.15 Uhr, Juli und Aug. jeden Mi Abend besondere Konzerte). Der gotische Chor und das Kirchenschiff entstanden bereits im 14./15. Jh.

Diest 6

Das hübsche Städtchen (23 400 Einw.) versteckt sich hinter seiner teilweise erhaltenen Stadtmauer an der Flussschleife der Demer. Zentrum ist der **Grote Markt** mit dem gotischen **Rathaus.** In den Gewölben des Untergeschosses zeigt das **Museum De Hofstadt** Rüstungen und Kunstwerke aus dem 15./16. Jh., Sudkessel und Gerätschaften einer alten Brauerei sowie reich verzierte

Hübsches Detail am Barockportal des Beginenhofs in Diest

Zunftketten (Mai–Sept. tgl. 10–12, 13–17 Uhr, sonst Mo, Fei geschl.).

Beherrschendes Bauwerk der Stadt ist die **Sint-Sulpitiuskerk** aus dem 14. bis 16. Jh., deren Turm unvollendet geblieben ist. Im Vierungsturm, der auch liebevoll Mosterdpot, Senftopf, genannt wird, befindet sich ein Glockenspiel.

Durch ein großes Barockportal betritt man den im 13. Jh. gegründeten ***Beginenhof** in der gleichnamigen Straße. Den schönsten Blick auf das Bauensemble genießt man von der Leopoldvest. Folgt man dieser Straße weiter, ergibt sich eine hübsche Aussicht auf den Stadtpark Warade und die Windmühle **Lindenmolen** (18. Jh.; jeden ersten So im Monat zugänglich).

Kloster-Ausflug

Ein kleiner, frommer Ausflug (insges. knapp 25 km) führt von Diest zunächst westwärts zur Abtei von **Scherpenheuvel,** dem Zentrum der belgischen Marienverehrung, wo jeweils an Allerheiligen eine Kerzenprozession stattfindet. Die barocke Wallfahrtskirche (1609–1627, seit 1922 Basilika) wird von einer gewaltigen Metallkuppel bekrönt.

Nordwestlich von Diest besucht man die sehenswerte Barockkirche der **Prämonstratenserabtei Averbode** und anschließend die **Abtei Tongerlo,** ebenfalls ein Prämonstratenserkloster. Es hütet eine Kopie des »Letzten Abendmahls« von Leonardo da Vinci, die schönste und älteste Replik dieses Kunstwerks. Die Abtei erwarb das Werk bereits 1545 (Mai–Sept. tgl. 14–17 Uhr)!

Hasselt 7

Die Hauptstadt (75 000 Einw.) der Provinz Limburg ist als Jenever-Metropole bekannt. Im Nationalen Jenevermuseum lässt sich die Geschichte des Kornbranntweins mit Wacholderaroma mit allen Sinnen erleben (Witte Nonnenstraat 19, April–Okt. Di–So 10–17, sonst Di–Fr 10–17, Sa, So 13–17 Uhr, 25. Nov. 2013–30. April 2014 geschl., www.jenevermuseum.be). Ihr Lieblingsgetränk feiern die Hasselter jedes Jahr ein Wochenende lang..

Erst-klassig

Am Grote Markt steht eine Reihe prächtiger Fachwerkhäuser aus dem 16. Jh. und ganz in der Nähe die gotische **St.-Quintinuskathedraal** mit ihrem gedrungenen Turm (13. Jh.).

In der nahen **Virga-Jessebasiliek** (18. Jh.) verdienen die Marmorskulpturen und der Hauptaltar (17./18. Jh.) sowie die Madonnenfigur im Chor Beachtung. Die Madonna wird alle sieben Jahre (das nächste Mal im Aug. 2017) bei einer Prozession durch die Stadt getragen.

Gemeinsam mit Experten aus der japanischen Partnerstadt Itami ließen die Hasseler Stadtväter im **Kapermaolenpark** den größten Japanischen Garten Europas anlegen (April–Okt. Di–Fr 10–17, Sa, So 14–18 Uhr).

Info

Toerisme Hasselt

- Maastrichterstraat 59
- 3500 Hasselt
- Tel. 011/23 95 40
- www.hasselt.eu

Freilichtmuseum Bokrijk

Erst-klassig

Wenige Kilometer nordöstlich von Hasselt lockt das große Freilichtmuseum › S. 18 mit drei unterschiedlichen rekonstruierten Dörfern und Höfen sowie Mühlen, Werkstätten, Scheunen, Wanderwegen und einem kleinen Tierpark (April–Sept. tgl. 10 bis 18 Uhr, Winterprogramme, für Kinder unter 6 Jahren Eintritt frei; www.bokrijk.be).

Nationalpark Hoge Kempen 8

Nördlich der Autobahn E 39 schützt der Nationalpark als erster seiner Art in Flandern 5700 ha Tannenwälder und Heideflächen. Teiche und Hügel bilden ein Schutzgebiet für seltene Fauna und Flora (www.nationaalpark.be).

Sint-Truiden 9

Drei Türme prägen Sint-Truiden (40 300 Einw.): der romanische Glockenturm der ehemals mächtigen **Benediktinerabtei**, der gotische Turm der **Liebfrauenkirche** und der **Belfried** (17. Jh.; Glockenspiel). Die Ausmaße der Sakralbauten lassen die einstige Bedeutung der Benediktinerabtei in diesem Gebiet erkennen.

Etwa 15 Gehminuten vom Grote Markt mit seinen hübschen Giebelhäusern liegt im Stadtteil Schurhoven der **Beginenhof.** Die Kirche und das Museum (April bis Okt. Di–Fr 10–12.30, 13.30–17, Sa, So, Fei 14–17 Uhr, gratis) sind Schatzkästchen sakraler Kunst mit bemerkenswerten gotischen Wandmalereien. Sehenswert ist die astronomische Uhr (1942) im Nebengebäude.

Info:

Toerisme Sint-Truiden

- Grote Markt 44
- 3800 Sint-Truiden
- Tel. 011/70 18 18
- www.toerisme-sint-truiden.be

Freilichtmuseum Bokrijk

Zoutleeuw

Im Nordwesten von Sint-Truiden schmückt sich das Städtchen mit der **St.-Leonarduskerk** (13.–16. Jh.), der einzigen Kirche Belgiens, die von den Bilderstürmern und der Französischen Revolution verschont blieb. Attraktivster Teil der Innenausstattung ist das 18 m hohe Renaissance-Tabernakel (April–Sept. Di–So 14–17, Okt. nur So, sonst 1. So im Monat 15 Uhr Kirchenführung; gratis).

Erst-! klassig

*Tongeren 10

Neben Tournai › **S. 120** ist Tongeren (30 000 Einw.), die Hauptstadt des Haspengaus, die älteste Stadt Belgiens. Vor der **Onze-Lieve-Vrouwebasiliek** (Liebfrauenbasilika) steht auf dem Grote Markt ein Denkmal des Eburonenfürsten Ambiorix, der sich 54 v. Chr. den Legionären Cäsars entgegenstellte. Die gotische Basilika mit dem unvollendeten Fassadenturm birgt herrliche »Dinanderien« (› **S. 29**; Osterleuchter und Adlerpult, 14. Jh.) sowie einen wertvollen Kirchenschatz. Auffällig ist ein Christuskopf (11. Jh.) mit befremdlichem, fast verächtlichem Gesichtsausdruck. An die Basilika schließt sich der romanische Kreuzgang an. Teil der Stadtbefestigung aus dem 4. Jh. ist der **Römerturm**.

Etwas außerhalb, beim Bilzensteenweg, befinden sich weitere Reste römischer **Stadtmauern**. In Belgien konkurrenzlos sind die Sammlungen des **Gallo-Römischen Museums** (Di–Fr 9–17, Sa, So 10–18 Uhr, www.galloromeinsmuseum.be).

Shopping

Auf dem Leopoldwall/Veemarkt und in den Eburonenhallen steigt der größte Flohmarkt Belgiens, der **Antiek- en Brocantemarkt** (jeden So 6–13 Uhr).

Erst-! klassig

Info

Toerisme

- Via Julianus 5
- 3700 Tongeren
- Tel. 012/80 00 70
- info@toerismetongeren.be

Unterkunft

Hotel Ambiotel ●●

Kleines Hotel (22 Zimmer) im Stadtzentrum, mit Bistro und Terrassencafé.

- Veemarkt 2
- 3700 Tongeren
- Tel. 012/26 29 50
- www.ambiotel.be

Zwischenstopp: Restaurant

Magis ●●–●●●

Gehobenes Lokal mit internationaler Küche in historischem Haus mit Garten.

- Hemelingenstraat 23
- Tel. 012/74 34 64
- Sa mittags geschl.

Ausflug nach Alden Biesen

Der ehemalige Sitz des Deutschen Ritterordens liegt in Bilzen (12,5 km nördl. von Tongeren). Der aufwendig restaurierte Komplex mit einem Geschichtsmuseum lässt die einst herausragende Bedeutung des Ordens erahnen (www.alden-biesen.be, Eintritt nur für Teilbereiche: Ostern bis Okt. tgl. 9–17, sonst 10–17 Uhr).

Dendermonde 11

Am Zusammenfluss von Dender und Schelde liegt Dendermonde (44 500 Einw.), das im Ersten Weltkrieg schwer zerstört wurde. Nur noch wenige historische Gebäude stehen am **Grote Markt**: das **Rathaus,** die ehemalige **Tuchhalle** und das **Fleischhaus** (heute Stadtmuseum). In der gotischen **Onze-Lieve-Vrouwekerk** mit romanischem Taufbecken hängen Gemälde des Rubens-Schülers van Dyck. Ein Blick in den **Beginenhof** (17. Jh.) – auch auf der Liste des Weltkulturerbes – an der Brusselsestraat lohnt sich.

Aalst 12

Das Städtchen (82 000 Einw.) am Ufer der Dender liegt bereits in der offenen Landschaft Ostflanderns. Auf dem Grote Markt stehen das **Schepenhuis** (Schöffenhaus, 15. Jh.), ein elegantes Gebäude mit Teilen aus dem 13. Jh. und einem mächtigen **Belfried** (Glockenspiel mit 52 Glocken) sowie die **Beurs van Amsterdam** aus dem 17./18. Jh. Die hochgotische **Sint-Martinuskerk** wurde nie vollendet. Zu den Schätzen ihrer Innenausstattung zählen ein großes Rubensgemälde sowie ein Tabernakel von J. Duquesnoy d. Ä. aus schwarzem und weißem Marmor. Das **Oud-Hospitaal** unweit der Kirche bildet ein hübsches Backsteinensemble mit dem Städtischen Museum, das im ehemaligen Kreuzgang und in einer Kapelle Exponate zur Lokalgeschichte zeigt (Stedelijk Museum 't Gasthuys, Oude Vismarkt 13, Di–Fr 10–12, 13–17 Uhr, Sa, So 14–18 Uhr, www.aalst.be/museum).

Info

Dienst voor Toerisme
- Grote Markt
- 9300 Aalst
- Tel. 0 53/73 22 70
- www.aalst.be

Hotel

Best Western Premier Keizershof ●●–●●●
Modernes schnörkelloses Best-Western-Hotel mit rund 80 Zimmern (manche für Allergiker), Fitnessraum, Sauna.
- Korte Nieuwstraat 15
- Tel. 053/77 44 11
- www.keizershof-hotel.com

Turm der Onze-Lieve-Vrouwebasiliek in Tongeren

Ost- und Westflandern

Das Beste!

- Ein morgendlicher Spaziergang durch den Beginenhof Ten Wijngaarde in Brügge › S. 100
- Kaufrausch auf dem Flohmarkt Zandvesten in Brügge › S. 98
- Ein Besuch beim Genter Altar › S. 93
- Eine Fahrt mit der Küstentram von Knokke nach De Panne › S. 93
- Eine Aufwartung beim anderen Manneken Pis in Geraardsbergen › S. 107

Mit prächtigsten Rathäusern, schmucken Plätzen, lauschigen Kanälen sowie atemberaubenden Architekturensembles prunken Flanderns ehemaligen Weltstädte. Für Badespaß und Erholung sorgen die langen Nordseestrände.

Flandern, das brettebene Land, ist ein historisches Schatzkästchen. Hier befanden sich einst die Zentren des Welthandels: Gent und Brügge. Diese beiden Städte waren immens reich und mächtig, was man ihnen bis heute ansieht mit ihren herrlichen Kirchen, prächtigen Rathäusern, hoch aufragenden Belfrieden, stattlichen Zunfthallen und üppig geschmückten Bürgerhäusern. In Brügge hat sich die ganze Pracht wie unter einer Glasglocke erhalten, denn nach der Versandung des Hafens verfiel die einstige Weltstadt in einen Dornröschenschlaf, aus dem sie erst die Touristenscharen des 20. Jhs. weckten. Die von Grachten durchzogene Altstadt gilt als großartiges Beispiel spätmittelalterlichen Städtebaus und ist Weltkulturerbe.

Gent hütet zwar ebenfalls bedeutende Kunstschätze, doch außerhalb des mittelalterlichen Stadtkerns ist es mit der Zeit gegangen. Gent liegt inmitten des größten belgischen Obst-, Gemüse- und Blumenanbaugebiets und ist der wichtigste Umschlagplatz für diese Produkte. Am Zusammenfluss von Schelde und Leie gelegen, besitzt es den zweitgrößten Hafen des Landes. Als Universitätsstadt hat es eine höchst lebendige Kneipenszene.

Giebelhäuser am Grote Markt von Brügge

Der Reichtum beider Metropolen strahlte auch in die kleineren Städte aus und hinterließ dort häufig hochkarätige architektonische und künstlerische Zeugnisse. Oudenaarde, Ieper und Kortrijk lohnen jeden Umweg, auch Geraardsbergen, Ronse und Veurne haben allerlei Sehenswertes zu bieten.

Nicht nur Kunstliebhaber kommen in Flandern auf ihre Kosten. Tourenradler und Wanderer finden an der hügeligen Landschaft der Flämischen Ardennen Vergnügen. Wer es gemütlicher schätzt, kann im platten Land Westflanderns durch idyllische Dörfer rollen und muss nur den Gegenwind scheuen.

Und dann die Nordseeküste: Auf 67 km reiht sich ein Badeort an den nächsten. Ein breiter Sandstrand, angenehme Temperaturen, unzählige Hotels, Pensionen, Campingplätze, Restaurants und Strandcafés, ein großes Freizeit- und Unterhaltungsangebot sowie ein Netz von Wanderwegen im breiten Dünengürtel bieten Erholung für jedermann. Quirlige Städtchen mit Hotelburgen wie Blankenberge und Middelkerke wechseln sich ab mit ruhigen Ferienorten mit hübschen Villen wie Bredene, De Haan und Wenduine. Schwimmen und Surfen sind nicht die einzigen Vergnügungen hier: De Panne ist das Paradies der Kitesurfer und Strandsegler.

Touren in der Region

Tour 11 Besuch in der Künstlerkolonie Leiestreek

Tour-Übersicht:

Verlauf: **Gent › Sint-Martens-Latem › Deurle › Deinze › Gent**

Dauer: 1 Tag

Praktische Hinweise:

- Ausflugsboote ab Gent, Info über Zeiten und Preise bei Benelux Rederij NV, Recollettenlei 32, 9000 Gent, Tel. 09/2 25 15 05, www.benelux-rederij.com (nur Flämisch).
- Die Fahrt kann aber auch mit dem Auto gemacht werden. VVV & Toerisme Leiestreek, Emiel Clausplein 4, 9800 Deinze, Tel. 09/380 46 01, www.vvvleiestreek.be

Tour-Start:

Südlich von ***Gent › S. 93 wurde um die Wende zum 20. Jh. der belgische Expressionismus erfunden. Die Maler verließen ihre Ateliers und malten fortan in der zauberhaften Flusslandschaft der Leie. Die Künstlerkolonie um den Bildhauer George Minne (1866 bis 1941) und den Maler Constant Permeke (1886–1952) ließ sich in **Sint-Martens-Latem** nieder. Der Zauber der »Leiestreek« lässt sich am besten vom Wasser aus erkunden.

Die Rundfahrt auf der Leie beginnt in Gent und lässt in Sint-Martens-Latem genügend Zeit für einen Besuch des Museums Gevaert-Minne (April–Sept. Di–So 14–18, sonst bis 17 Uhr), oder eine Fahrt ins benachbarte **Deurle**, wo drei einschlägige Museen zu besichtigen sind. In **Deinze** lohnt das Museum van Deinze en de Leiestreek (L. Matthyslaan 3–5, www.museumdeinze.be, Di–Fr 14–17.30, Sa, So 10–12, 14–17 Uhr) einen Besuch.

Nicht zu vergessen schließlich **Schloss Ooidonk**, das Kenner an ein prächtiges Loire-Schloss erinnert (Ooidonkdreef, 9, 9800 Bachte-Maria-Leerne, Deinze, Tel. 09/282 35 70, www.ooidonk.be, April–15 Sept. So, Fei 14–17.30, Juli/Aug. auch Sa 14–17.30 Uhr; Park Di–So geöffnet).

Tour 12 Radtour von Brügge nach Blankenberge

Tour-Übersicht:

Verlauf: **Brügge › Damme › Ter Doest › Lissewege › Blankenberge › Wenduine › De Haan › Oostende › Oudenburg › Jabbeke › Brügge**

Dauer: 2 Tage

Praktische Hinweise:

- Fahrradverleih am Bahnhof in Brügge, Schalter 3 (»trein en fiets«), 9,50 €/Tag (ab 14 Uhr

6,50 €); viele Hotels verleihen Räder an ihre Gäste; Strecke: 105 km. Informationen über die belgische Küste finden sich unter www.dekust.be.

Tour-Start:

Erster Etappenpunkt dieser Radtour von Brügge zur Küste ist die schöne alte Stadt **Damme** › S. 104. Über Lapscheure, Oostkerke und Dudzele erreicht man **Ter Doest,** wo eine gewaltige Zehntscheune aus dem 13. Jh. einst die Abgaben der Bauern an das dortige bedeutende Zisterzienserkloster aufnahm.

Nicht zu verfehlen ist das Polderdorf **Lissewege:** Der hohe Turm der gotischen Liebfrauenkirche erlaubt einen weiten Panoramablick über das Land. Im lebhaften Küstenort **Blankenberge** › S. 104 ist es aus mit der Ruhe der Polderlandschaft. Wem es hier zu lebhaft ist, der findet eine passende Unterkunft in **Wenduine**, in einer der weißen Villen von **De Haan** › S. 104 oder im Familienseebad **Bredene,** dessen flache Strände eine mehr als 4 km lange Dünenzone säumt.

Anderntags steht ein Abstecher ins nur wenige Kilometer entfernte **Oostende** › S. 105 auf dem Programm, und wäre es nur für einen Besuch des Visserskaai und der Vistrap, wo man wunderbare Aal-, Krabben- und Matjesbrötchen erstehen kann. Über die Gemeinden Oudenburg, Ettelgem und Jabbeke führt der Rückweg dann wieder nach ***Brügge › S. 97.

Tour 13 Durchs »Platte Land« an der Ijzer

Tour-Übersicht:

Verlauf: Veurne › Diksmuide › Vladslo › Ieper › Poperinge › Veurne

Dauer: 1 Tag

Praktische Hinweise:

- Die Tour unternimmt man am besten mit dem Auto. Infos auf der Webseite www.flandern.com/Flandern/Urlaub-im-grunen

Tour-Start:

Eine Rundfahrt durch den westlichsten Winkel Flanderns, den »Westhoek«, führt durch eine Gegend, die vom Getriebe des übrigen Landes eher abgeschirmt scheint. Das war nicht immer so: Während des Zweiten Weltkriegs tobte hier über Jahre ein erbitterter Stellungskrieg, von dem noch viele Friedhöfe zeugen. Heute vermittelt die weite Landschaft mit den zahlreichen Kanälen, den saftigen Weiden und blitzsauberen Bauernhäuschen dagegen ein idyllisches Bild des Friedens.

Von **Veurne** › S. 105, einem freundlichen Marktflecken hinter der Küste, geht es nach **Diksmuide,** wo man vom Ijzerturm eine grandiose Aussicht genießt. Ein Stück weiter zieht der begehbare Rest eines Schützengrabens, der »Dodengang«, viele Besucher an.

Im Deutschen Soldatenfriedhof von **Vladslo** befindet sich eine ergreifende Plastik der Künstlerin Käthe Kollwitz: Ihr eigener Sohn Peter liegt hier begraben. **Ieper** › S. 106 prunkt mit einer Tuchhalle – der einstige Reichtum der flandrischen Kaufleute ist hier besonders augenfällig. Bierliebhaber sollten auf keinen Fall einen Abstecher nach **Poperinge** verpassen. Hier dreht sich nahezu alles um den Hopfen. Ein Hopfenmuseum wartet auf Besucher, es gibt ein jährliches Bierfest, mit Bier angereicherte Gerichte in den Restaurants und im Frühjahr eine ganz besondere Delikatesse: Hopfensprossen.

Touren in Ost- und Westflandern

Tour 11 Besuch in der Künstlerkolonie Leiestreek

Gent › Sint-Martens-Latem › Deurle › Deinze › Gent

Tour 12 Radtour von Brügge nach Blankenberge

Brügge › Damme › Ter Doest › Lissewege › Blankenberge › Wenduine › De Haan › Oostende › Oudenburg › Jabekke › Brügge

Tour 13 Durchs »Platte Land« an der Ijzer

Veurne › Diksmuide › Vladslo › Ieper › Poperinge › Veurne

7

Eine Fahrt mit der Küstentram

Belgien ist das einzige Land, in dem man mit der Straßenbahn die gesamte Küste abfahren kann. 70 Haltestellen sorgen dafür, dass man überall aussteigen kann, wo es interessant ist. Empfohlene Stationen sind **Knokke** › S. 104 mit seinem berühmten Kasino im Art-déco-Stil, **De Haan,** das ganz im Stil der Belle Époque gehalten ist, **Oostende** › S. 105, wo nicht nur der Dreimaster »Mercator« seemännisches Flair versprüht, **Nieuwpoort** mit seiner Arbeitsatmosphäre und schließlich **De Panne,** das sich der breitesten Strände rühmen kann.

Nonstop dauert die Fahrt etwa zweieinhalb Stunden (Frequenz: alle 15 Min., Tageskarte 5 €, www.dekusttram.be).

Wichtige Adresse

Fremdenverkehrsamt der Provinz Ostflandern

- Toerisme Oost-Vlaanderen
- Sint-Niklaasstraat 2
- 9000 Gent
- Tel. 09/269 26 00
- www.tov.be (nur Flämisch)
- www.flandern.com

Unterwegs in der Region

***Gent 1

Gent (249 000 Einw.) ist eine historische Kunst- und moderne Großstadt zugleich. Die reizvollsten architektonischen Zeugnisse konzentrieren sich im Stadtkern am rechten Ufer der Leie zwischen Grafenburg und der Kathedrale.

*Sint-Baafskathedraal A

Mit dem Bau der dreischiffigen Kathedrale wurde 1228 begonnen. Mitte des 14. Jhs. wurde der Chor fertig gestellt; zwei Jahrhunderte später folgten der 80 m hohe Turm, Langhaus und Querschiff. Zur grandiosen Barockausstattung des Innerens gehören eine geschnitzte Holzkanzel aus dem Jahr 1745 von Delvaux und Rubens' Bild »Eintritt des hl. Bavo ins Kloster«. Der ****Kirchenschatz** ist in der Krypta ausgestellt (www.sintbaafskathedraal.be).

Mit dem 1420 bis 1432 errichteten monumentalen *****Genter Altar** der Brüder Hubert und Jan van Eyck birgt die Sint-Baafskathedral ein Kunstwerk von Weltrang: Auf 3,75 mal 5,20 m (in ausgeklapptem Zustand) zeigt der Flügelaltar die »Anbetung des Lammes« sowie Christus als Weltenherrscher, begleitet von Maria und Johannes, Adam und Eva sowie einem überirdisch schönen Engelschor (Besichtigung: Mo–Sa 9.30–17, So 13–17 Uhr, derzeit Renovierung). 8

Belfried B

Den Turm der Kathedrale überragt der Belfried, Machtsymbol des Bürgertums, mit einem **Glockenspiel.** Der Drache auf der Spitze steht für Erst-! klassig die Kampfeslust der Genter. In der angeschlossenen **Lakenhal** (15. Jh.) wurden Tuche gelagert und verkauft.

Stadhuis C

Das Rathaus an der Westseite des Botermarkts wurde in der Spätgotik begonnen, gilt aber, bedingt durch die lange Bauzeit, als Glanzleistung der Renaissance (geführte Touren, Mai–Nov. Mo–Do 14.30 Uhr, www.gidsenbond-gent.be).

St.-Niklaaskerk D

Im 13. Jh. erbaut, ist die eindrucksvolle Nikolauskirche mit ihrem von vier Ecktürmen flankierten Vierungsturm ein typisches Beispiel für die Scheldegotik. An der Kleinen Turkije stehen prächtige Bürgerhäuser. Der sich anschließende **Korenmarkt** wird von Straßencafés und Restaurants gesäumt.

SEITENBLICK

Aus der Stadtgeschichte

Der Freiheitsdrang ihrer Bürger bestimmte seit dem späten Mittelalter die Geschichte der Stadt. 1448 bekriegten die Genter Philipp den Guten von Burgund, weil er die Steuern für Salz und Getreide erhöht hatte. 1539 lehnten sie sich gegen Kaiser Karl V. auf, als er ihre Privilegien verletzte. Meist waren die Genter jedoch die Verlierer und bezahlten ihren Stolz teuer. Die Leinenweberei und die Weiterverarbeitung englischer Wolle hatten hier seit dem Mittelalter Tradition. Im 19. Jh. verlegten sich die Genter auf die Baumwollindustrie.

St.-Michielskerk E

Erkennungszeichen des 1440 begonnenen und 1648 im Stil der Brabanter Gotik fertig gestellten Baus ist der unvollendete Turm. Chor- und Seitenkapellen verstärken das wuchtige Erscheinungsbild. Im Inneren ist das Gemälde »Kreuzigung Christi« (1630) von Anthonis van Dyck sehenswert.

**Koren- und Graslei F

Eine Treppe führt von der Sint-Michielsbrug zur Korenlei hinunter. Von dort aus hat man den schönsten Blick auf die Kaimauer der Graslei gegenüber. Die Reihe prachtvoller Giebelhäuser symbolisiert Macht und Unternehmungsgeist ihrer Erbauer. Links neben dem neugotischen Postgebäude (1903) steht das **Haus der freien Binnenschiffer** im Stil der Brabanter Gotik (1531), daneben das spätbarocke **Haus der Getreidemesser** (1698). Pro Meter Höhe neigt sich die Fassade des beinahe 800 Jahre alten romanischen Getreidespeichers um einen Zentimeter aus dem Lot nach vorne. Diese Bauweise erleichterte das Hochhieven der Säcke per Kran.

Erst-! klassig

Groot Vleeshuis G

Über die Grasbrug (Schiffsanlegestelle) gelangt man zur Großen Fleischhalle, errichet in den Jahren 1406 bis 1410 und heute eine Markthalle mit Genter Spezialitäten, z.B. Käse, Marmeladen und Schinken (Di–So 10–18 Uhr, www.grootvleeshuis.be). In den *Penshuizekens* (Vormagenhäuschen) versorgten sich Arme mit Innereien.

Erst-! klassig

Das nahe gelegene **Designmuseum** zeigt Gestaltungskunst von Jugendstil über Art déco bis in die heutige Zeit (Jan Breydelstraat 5, Di–So 10–18 Uhr, www.designmuseumgent.be).

Gravensteen H

Die Grafenburg aus dem 12. Jh., eine der größten Wasserburgen Europas, erlebte blutige Kämpfe zwischen den Bürgern der freien Stadt Gent und den Territorialherren. Später diente die Festung als Kerker sowie als Sitz des Gerichts (April–Sept. 9–18, sonst 9–17 Uhr).

Patershol

Westlich der Kraanlei schließt sich das ehemalige Gerberviertel Patershol an. Jetzt findet man hier Kunsthandwerker, Antiquitätenhändler, Restaurants und Boutiquen. In 18 flämischen Häuschen, einst Kinderhospiz, widmet sich das **Museum Huis van Alijn** I den Themen Film, Sprachen, (Alltags-)Kultur und Volkskunde (Di–Sa 11–17, So ab 10 Uhr).

Vrijdagmarkt J

Am Grootkanonplein steht die 15-Tonnen-Kanone »Dulle Griet«,

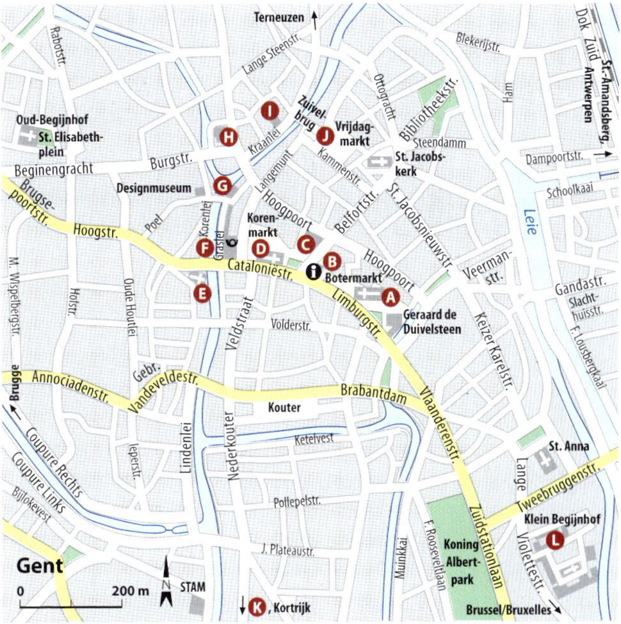

A Sint-Baafskathedraal
B Belfried
C Stadhuis
D St.-Niklaaskerk
E St.-Michielskerk
F Graslei
G Groot Vleeshuis
H Gravensteen
I Huis van Alijn
J Vrijdagmarkt
K Citadelpark
L Klein Begijnhof

Beutestück im Krieg gegen die Burgunder. Der **Vrijdagmarkt** ist die Mitte der Stadt. Seine Nordwestseite überragt das **Ons Huis**, Sitz der Sozialistischen Arbeitervereinigung.

Im Turm des **Toreken** (1460), Zunfthaus der Gerber, tagte die Abnahmekommission der Leinenweber. Stücke schlechter Qualität wurden zur Schande des Webers öffentlich ausgestellt.

Erst-! klassig

Die schönsten Beginenhöfe

Belgiens Beginenhöfe zählen seit 1998 zum UNESCO-Weltkulturerbe. In vielen informieren Museen über das Leben der frommen Frauen.

- **Brügge:** Der berühmteste Hof hat seine Romantik bewahrt. › S. 100
- **Turnhout:** Prozessionen halten hier die Tradition hoch. › S. 72
- **Mechelen:** Der Kleine und der Große Beginenhof sind gleichermaßen gut erhalten. › S. 80
- **Lier:** Der älteste und auch einer der größten Höfe des Landes. Felix Timmermans hat ihn literarisch verewigt. › S. 81
- **Leuven:** Der stattliche Hof ist heute Studentenwohnheim. › S. 81
- **Diest:** Besonders bemerkenswert: Das barocke Portal. › S. 83
- **Sint-Truiden:** Diese Anlage besitzt eine der schönsten Beginenhofkirchen. › S. 85
- **Tongeren:** Hier sind viele gotische Giebelhäuschen erhalten. › S. 86
- **Dendermonde:** Zur Erhaltung des Hofes wird jedes Jahr (letztes Augustwochenende) ein Beginenfest abgehalten. › S. 87
- **Kortrijk:** Hier kann man sogar übernachten › S. 106.

Im Citadelpark K

Das ***Museum voor Schone Kunsten** zeigt Kunst des 14. bis 20. Jhs., darunter Werke von Rubens, van Dyck, Bosch, Pourbus und Frans Hals (Di–So 10–18 Uhr, www.mskgent.be). Eine bedeutende Sammlung zeitgenössischer Kunst belgischer und internationaler Größen besitzt das S.M.A.K., Stedelijk Museum voor Actuele Kunst (Di–So 10–18 Uhr; www.smak.be). Erst-! klassig

*Beginenhöfe

Neben dem **Oud-Begijnhof** aus dem 13. Jh. an der St.-Elisabethkirche westlich des Gravensteen gibt es zwei Beginenhöfe jüngeren Datums: die barocke Anlage des **Klein Begijnhof** L aus dem 17./18. Jh. und außerhalb des Stadtkerns den Großen Beginenhof von 1872 in St.-Amandsberg.

Info

Infokantoor Visit Gent

- Oude Vismijn
- Sint-Veerleplein 5
- 9000 Gent
- Tel. 09/266 56 60
- www.visitgent.be

Hotels

Ghent River Hotel ●●●

Moderner Komfort in zwei historischen Gebäuden aus dem 16. und 19. Jh. direkt am Leie-Ufer.

- Waaistraat 5
- Tel. 09/266 10 10
- www.ghent-river-hotel.be

Historischer Stadtkern mit Zunfthäusern am Ufer der Leie

Erasmus ●●
Stilvoll-individuell eingerichtete Zimmer in der Altstadt; mit Garten.
- Poel 25
- Tel. 09/224 21 95
- www.erasmushotel.be

Limited Co Hotel ●–●●
5 loftige Zimmer mit Gartenblick und W-LAN in modern-freundlichem Haus, 5 Min. vom Altstadtkern.
- Hoogstraat 60
- Tel. 09/225 14 95
  www.limited-co.be

Zwischenstopp: Restaurants

Chez Leontine ●●
Gemütliches Lokal mit typisch belgischen Speisen in üppigen Portionen.
- Groentenmarkt 10
- Tel. 09/225 06 80
- www.chezleontine.be
- So, Mo 12–15, Do–Sa 12–22 Uhr

C'est Fou ●–●●
Modernes Ambiente, kreative Küche, Snacks und Vegetarisches.
- Groot-Britannielaan 51
- Tel. 09/233 32 20
- www.cestfou.be
- Mo–Fr 11–14, 18.30–22, Sa 18.30–23 Uhr.

Nightlife

Cafe Vooruit
Große, angenehme Kneipe im Kulturzentrum Vooruit.
- Sint-Pietersnieuwstraat 23
- Tel. 09/267 28 48
- www.vooruit.be
- Mo–Do 11.30–1, Fr, Sa 11.30–2, So 14–1 Uhr.

***Brügge 2

Von den Bausünden der Neuzeit blieb Brügge (118 000 Einw.) weitgehend verschont und bewahrte sein unvergleichlich harmonisches Stadtbild, das dank des Tourismus zum wichtigsten Wirtschaftsfaktor der Stadt geworden ist.

Unbedingt zu empfehlen ist eine Grachtenfahrt durch die Innenstadt (Abfahrtsstellen im Zentrum; Dauer ca. 30 Min.). Ebenfalls einen

Erst-! klassig

Erst-! klassig Besuch wert ist der Zandfeesten Brügge, Flanderns größter Antiquitäten- und Flohmarkt, der Anf. Juli, Anf. Aug. und Ende Sept. auf dem Platz t'Zand stattfindet (Termine: Tel. 050/34 17 36).

Elegante Kragen, Borten und Tischdecken, von Heimarbeiterinnen handgeklöppelt, waren über Jahrhunderte ein Exportschlager aus Brügge. Im **Kantjuweeltje,** Philip Stockstraat 11, kann man täglich um 15 Uhr beim Klöppeln zuschauen.

*Grote Markt A

Das *****historische Zentrum** steht seit 2000 auf der Weltkulturerbeliste. Der **Grote Markt** ist der Brennpunkt der Stadtgeschichte. Hier steht der **Belfried,** Symbol städtischer Unabhängigkeit. Der untere Teil des 83 m hohen Turms stammt aus dem 13. Jh., die achteckige Krone wurde erst 200 Jahre später aufgesetzt. Auf Höhe der obersten Besucherterrasse hängen die 50 Glocken des stündlich erklingenden Glockenspiels. Ebenfalls im 13. Jh. entstand die gewaltige **Lakenhalle** (Tuchhalle).

Der Grote Markt in Brügge

In der Nähe der Poortersloge dokumentiert das Museum Choco-Story die Geschichte der Schokolade und bietet Rezepte sowie einen Shop (Wijnzakstraat 2, tgl. 10–17 Uhr, www.choco-story.be). Erst-! klassig

Burgplatz B

Hier stehen einige der bedetendsten Gebäude Brügges: Das kunstreiche **Stadhuis** (1376 bis 1420) besitzt einen prunkvollen Ratssaal mit reich geschnitzter Holzdecke und Wandmalereien mit Motiven aus der Stadtgeschichte.

Die **Heiligbloedkapel** wurde für die Heiligblutreliquie errichtet, die der flandrische Graf Dietrich von Elsass im Jahr 1150 von einem Kreuzzug mitbrachte. Aus dieser Zeit stammt der untere, romanische Teil der Wallfahrtskirche, der obere Teil zeigt den Übergang von Spätgotik zu Renaissance. Die jährliche Heiligblutprozession am Himmelfahrtstag ist der bedeutendste Festtag im Kalender der Stadt.

Den modernen Pavillon, eine transparente Komposition aus Glas, Wasser und Aluminium, baute Toyo Ito, als Brügge 2002 Kulturhauptstadt war. Erst-! klassig

Huidenvettersplein C

Der Tordurchgang in der ehemaligen Stadtkanzlei mit vergoldeten Säulen, führt über die Eselsbrücke (Blindenezelbrug), zum Huidenvettersplein im früheren Gerberviertel. Reliefs an der Fassade des Zunfthauses zeigen Szenen, die auf das Gerberhandwerk verweisen.

Entlang dem Rozenhoedkai gelangt man zum platzartig erweiterten Kanalufer, dem Dijver, unter dessen Bäumen an Wochenenden ein bunter **Flohmarkt** abgehalten wird (Mitte März–Mitte Nov. Sa, So, Fei 10–18, Juli/Aug. zusätzlich Fr 10–18 Uhr).

**Groeningemuseum D

Schöne Künste präsentiert das **Stedelijk Museum voor Schone Kunsten** in einer modernen Galerie und vor allem in seiner wertvollen Sammlung früher niederländischer Malerei, darunter Werke von Hans Memling, Jan van Eyck und Rogier van der Weyden (Dijver 12; Di–So 9.30–17 Uhr, www.vlaamsekunstcollectie.be).

*Gruuthusepalais E

Am Dijver erhebt sich in einem an die Grachten grenzenden Innenhof mit efeuüberwachsenen Gebäuden das Gruuthusepalais aus dem 15. Jh. In dem prächtigen Stadtpalast präsentiert das **Museum** Alltagsgegenstände aus 400 Jahren. Ein besonderes architektonisches Kleinod ist die Privatkapelle, von der die Bewohner an der Messe im Chor der benachbarten Kirche teilnehmen konnten (Dijver 17, Di–So 9.30–17 Uhr).

Onze-Lieve-Vrouwekerk F

Die gotische Hallenkirche mit dem ungewöhnlich hohen Turm (122 m) birgt in ihrem Inneren bedeutende Kunstschätze. Sie besitzt mit Michelangelos Brügger Madonna (1503) das einzige Werk, das zu Lebzeiten des Künstlers über die Alpen gelangte. Im Chor der Kirche stehen die ***Sarkophage** Marias von Burgund und ihres Vaters, Karls des Kühnen, Herzog von Burgund (1433–1477).

Erst-! klassig

Sint-Jans-Spital G

Der Gebäudekomplex gilt als eines der ältesten Krankenhäuser Europas. Er wurde schon im 12. Jh. gegründet und war bis weit ins 20. Jh. in Betrieb. Renoviert und von jungen Leuten aus aller Welt belebt, ist der im 19. Jh. angefügte Bauteil nun ein Event- und Kongresszentrum samt Café und gemütlicher Terrasse.

SEITENBLICK

Altes Welthandelszentrum

Als Graf Balduin I. von Flandern die Stadt im 9. Jh. gründete, liefen am Zwin die Wege des Ostseehandels der deutschen Hanse, des venezianischen Orienthandels und des Wollhandels mit England zusammen. Brügge war bald neben Venedig die reichste Stadt der Welt. Die Herzöge von Burgund hielten prunkvoll Hof. Die Versandung des Zwin leitete den wirtschaftlichen Niedergang ein. Brügge fiel fast 400 Jahre in Bedeutungslosigkeit. Trotz des neuen Hafens bei Zeebrügge gelang der Anschluss an das Industriezeitalter nur zögernd.

**Memling-Museum

In der Spitalkapelle hat das Museum seinen Platz. Hans Memling, ein Deutscher, kam etwa 1465 nach Brügge und war bis zu seinem Tod 1494 als Stadtmaler tätig. Wegen ihrer ausdrucksvollen und volkssnahen Darstellungen erfreuten sich seine Arbeiten großer Beliebtheit. Sechs seiner Hauptwerke sind hier zu bewundern, so der **Ursula-Schrein**, der auf Miniaturgemälden die Legende der Heiligen darstellt, und das Altarwerk **Die mystische Vermählung der hl. Katharina** (Di–So 9.30–17 Uhr).

**Begijnhof Ten Wijngaarde H

Über die Wijngaardstraat geht es hinter einem barocken Tor zum mit Pappeln bestandenen Beginenhof (13. Jh.). Ein kleines Museum gibt Einblick in den Alltag der Beginen › **S. 102**. Vom Schleusenhaus am Wijngaardplaats aus wird der Wasserstand der Stadtkanäle reguliert.

St.-Salvatorskathedraal I

Schießscharten zeigen, dass der im unteren Teil romanische Turm (12. Jh.) der ältesten Pfarrkirche

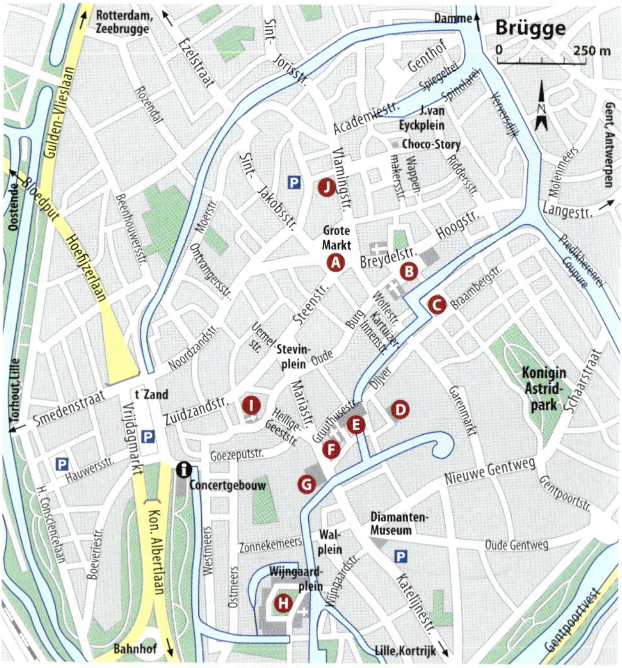

A Grote Markt
B Burgplatz
C Huidenvettersplein
D Groeningemuseum
E Gruuthusepalais
F Onze-Lieve-Vrouwekerk
G Sint-Jans-Spital
H Ten Wijngaarde
I St.-Salvatorskathedraal
J Haus der Genuesen

Das Sint-Jans-Spital beherbergt das Memling-Museum

Brügges zur Verteidigung genutzt wurde, der obere Teil wurde erst im 19. Jh. fertig gestellt. Hauptschiff und Chor sind im Stil der frühen Gotik erbaut, das Chorgestühl trägt das Wappen der Ritter vom Goldenen Vlies, die hier 1478 ihre erste Sitzung abhielten.

Hanseatisches Brügge

Das **Haus der Genuesen** J (1399) erinnert an die internationalen Handelsbeziehungen Brügges. Auch das stolze Haus der Kaufmannsfamilie **van der Beurse** aus dem 15. Jh. steht in der Vlamingstraat (Nr. 35). Der florierende Handel und die lukrativen Geldgeschäfte, die in und vor diesem Haus getätigt wurden, brachten es mit sich, dass sich die Bezeichnung Börse (niederländisch »beurs« = Geldbeutel) als Synonym für solche Geschäfte einbürgerte.

Info

Toerisme Brugge

- Concertgebouw
- 't Zaand 34
- 8000 Brugge
- Tel. 050/44 46 46
- www.brugge.be

Hotels

De Castillion ●●●

Restauriertes Bischofspalais bei St. Salvator mit Art-déco-Salon, begrünter Terrasse und Gourmetrestaurant.

- Heilige-Geeststraat 1
- Tel. 050/34 30 01
- www.castillion.be

Hôtel de l'Orangerie ●●●

Helles, schlicht-elegantes, mit Weinlaub beranktes 20-Zimmer-Hotel; Terrasse direkt am Wasser und Kaminzimmer.

- Kartuizerinnenstraat 10
- Tel. 050/34 16 49
- www.hotelorangerie.be

Egmond ●●

Im flämischen Stil des 18. Jhs. eingerichtetes Hotel (8 Zimmer) am Beginenhof; Blick auf Garten und Minnewaterpark.

- Minnewater 15
- Tel. 050/34 14 45
- www.egmond.be

SPECIAL

Stille Welt der frommen Frauen

Ab dem Ende des 12. Jhs. entwickelte sich in den katholischen Regionen der Niederen Lande diese spezielle Form der Wohn- und Lebensgemeinschaften.

Drohte die Heirat mit einem ungeliebten Mann, reichte der Familienbesitz nicht für die Mitgift oder war der Ehemann schon früh verstorben, gab es für Frauen im Mittelalter eine Alternative: Kloster oder Beginenhof. Im Gegensatz zu den Nonnen legten die gläubigen und keusch lebenden Beginen jedoch kein Armutsgelübde ab, wählten ihre Grande Dame demokratisch und konnten jederzeit wieder austreten. So viel weibliche Selbstständigkeit war der katholischen Kirche ein Dorn im Auge. Deshalb wurden die Beginen oft als Ketzerinnen diffamiert. Heute gibt es nur noch wenige Beginen, die meisten Wohnhöfe wurden zu Altersheimen umfunktioniert. Im Großen Beginenhof von Leuven wohnen Professoren und Studenten – die Beginenhöfe sind beliebte Wohnadressen.

Ten Wijngaarde – fürstlicher Hof in Brügge

Pappeln rauschen leise im Wind vor den weißen Häusern jenseits der Dijverbrücke. Vor den Sprossenfenstern drängen sich neugierige Besucher, um einen Blick auf die Benediktinerinnen zu werfen, die ihren täglichen Aufgaben nachgehen. Ora et labora – bete und arbeite –, die Ordensregel des hl. Benedikt, bestimmt seit 1930, nach dem Tod der letzten Begine, den Tagesablauf in Ten Wijngaarde (Zum Weingarten).

Den berühmtesten Beginenhof Belgiens › S. 100 stiftete die flandrische Gräfin Johanna von Konstantinopel im 13. Jh. Die Bauten stammen aus dem 17. Jh.

- **Ten Wijngaarde**
  tgl. 6.30–18 Uhr, Eintritt frei

Stift von Lier

Ein ganzes Viertel mit malerischen Gassen und idyllischen Hausgärten umfasst dieses große Stift › S. 81. Hinter dem schmucken Barockportal liegen 150 Wohnungen. Die Häuser tragen so fantasievolle Namen wie Weinberg des Herrn oder Stall von Bethlehem. Zauberhaft ist die Stimmung an einem spätsommerlichen Nachmittag, wenn die letzten Sonnenstrahlen die Fassaden in ein warmes Rotgelb tauchen und sich so manche Katze auf dem Fensterbrett räkelt.

- **Begijnhof**
  Zimmerplein
  2500 Lier

Hof der Stille

Nicht immer verlief das Leben der frommen Frauen ohne Spannungen mit der Obrigkeit. In der Tuchmacherstadt Dendermonde › S. 87 ist verbürgt, dass einige Beginen im Hof der Stille ihrer Anlage mit so viel Enthusiasmus Schlagball spielten, dass diese sportliche Betätigung im 16. Jh. von Fürst Philipp dem Guten von Burgund kurzerhand verboten wurde. Heute ist der etwas versteckt liegende Beginenhof Alexius ein Ort der Besinnung in der flandrischen Stadt.

- **Beginenhof Alexius**
  Brusselstraat
  9200 Dendermonde

Bürgerinitiative Het Convent

Um den 1380 gegründeten Beginenhof von Hoogstraaten – südlich von Breda an der A 1, Ausfahrt Leonhout gelegen – vor dem Verfall bzw. vor dem Abriss durch Bauspekulanten zu retten, griffen die Bewohner 1991 selbst zur Maurerkelle. Inzwischen haben sie ihre insgesamt 37 Häuschen liebevoll restauriert und erhielten dafür mehrere Denkmalschutzpreise.

- **Het Convent**
  Begijnhof 40
  2320 Hoogstraten
  www.hetconvent.be
- **Toerisme Hoogstraten**
  Tel. 03/3 40 19 55

Die beiden gleichnamigen Sachbücher **Die Beginen,** das eine von Gertrud Hofmann und Werner Krebber (Topos plus, 2008), das andere von Helga Unger (Herder, 2005, z. Zt. nur antiquarisch), bieten fundierte Informationen zu der mittelalterlichen Frauenbewegung.

› Karte S. 92

Zwischenstopp: **Restaurants**

De Karmeliet ●●●
Französische Küche, 3 Michelin-Sterne.
- Langestraat 19
- Tel. 050/33 82 59
- www.dekarmeliet.be
- So, Mo geschl.

Maximilian van Oostenrijk ●
Gute französisch-belgische Küche direkt am Wasser und nahe des Beginenhofs.
- Wijngaardplein 16
- Tel. 050/33 47 23
- Mi geschl.

An der Küste

Damme 3

Als der Zwin anfing zu versanden, wurde die Stadt zum Außenhafen für Brügge. Das gotische **Rathaus** am Marktplatz und die **Onze-Lieve-Vrouwekerk** (13. Jh.) legen davon Zeugnis ab. Sehenswert ist das **Uilenspiegelmuseum** im Besucherzentrum. Till Eulenspiegel, Held im Kampf gegen die Spanier, ist der Legende nach in Damme geboren.

Knokke-Heist 4

In dem mondänen Seebad (34 000 Einw.) lohnen vor allem das Villenviertel **Het Zoute** und das von Magritte ausgemalte **Kasino** einen Besuch. Auf der verlandeten Mündung des Zwin östlich von Knokke liegt das Vogelschutzgebiet **Het Zwin** (125 ha), in dem sich zu allen Jahreszeiten tausende von Vögeln aufhalten. Besonders eindrucksvoll ist der Park, wenn die Zugvögel hier Station machen (derzeit wegen Renovierung geschl.; www.zwin.be).

Info

Tourismus Knokke-Heist
- Zeedijk-Knokke 660
- 8300 Knokke-Heist
- Tel. 050/63 03 80
- www.knokke-heist.info

Hotels

Des Nations ●●●
6 geschmackvoll-schlicht eingerichtete Zimmer und Suiten in einem nüchternen Bau an der Promenade.
- Zeedijk Zoute 704
- Tel. 050/61 99 11
- www.hoteldesnations.be

Memlinc Palace ●●●
Größeres Meerblickhotel von 1923 in englisch-normannischem Stil.
- Elizabetlaan 2
- Tel. 050/60 11 34
- www.memlinc.be

Badeorte bis Oostende

Zwischen Knokke und Oostende reiht sich ein Badeort an den anderen: **Blankenberge** 5 hat ein reges Zentrum mit winzigem Rathaus, einen Jachthafen, dessen Treiben man von den überdachten Sitzplätzen des »Paravang« aus verfolgen kann, und eine trubelige Strandpromenade mit Pier und Pavillon.

Als Familienbad geschätzt wird **Wenduine**, und das anmutige **De Haan** entfaltet mit seinen Strandhotels und Villen im Stil der Belle Époque nostalgischen Charme.

Hotels

Grand Hôtel Belle Vue ● ●
Anglonormannischer Stil, mit Bistro.
- Koninklijk plein 5

- 8420 De Haan
- Tel. 059/23 34 39
- www.hotelbellevue.be

Canteklaar ●

Romantische Villa im Ortszentrum.

- Leopoldlaan 4
- 8420 De Haan
- Tel. 059/27 99 45
- www.hotel-canteklaar.be

Oostende 6

Oostende (70 600 Einw.) besitzt einen Fischerei-, Passagier- und Handelshafen. Am **Visserskaai** mit vielen Lokalen und Fischständen sind das **Nordsee-Aquarium**, der alte **Islandfahrer Amandine** › S. 17 und der **Dreimaster Mercator** (beide Schifffahrtsmuseen) zu besichtigen. Der bekannte Künstler James S. Ensor (1860–1949) wohnte im **James-Ensor-Haus** (Museum; Vlaanderenstraat, Mi–Mo 10–12, 14–17 Uhr).

Info

Toerisme Oostende

- Monacoplein 2
- 8400 Oostende
- Tel. 059/70 11 99
- www.visitoostende.be

Hotels

Pacific ●●

Komfortables Hotel, ruhig in Zentrumsnähe, mit Bar und Sauna.

- Hofstaat 11
- Tel. 059/70 15 07
- www.pacifichotel.com

Europe ●●

Ruhige Lage im Zentrum, Restaurant. Strand in nächster Nähe.

- Kapucijnenstraat 52
- Tel. 059/70 10 12
- www.europehotel.be

Zwischenstopp: Restaurant

De Mosselbeurs ●●

Der beste Tipp für Muschelliebhaber: Mehr als ein Dutzend Muschelgerichte, aber auch Fisch und Fleisch.

- Dwarsstraat 10
- Tel. 059/80 73 10
- www.demosselbeurs.be
- Mi–So 12–14, 18–22 Uhr

Veurne 7

Veurne (11 500 Einw.) ist einer der hübschesten Orte Flanderns. Verspielt wirkt der **Grote Markt** mit den

Hotel Astoria im Ferienort De Haan

› Karte S. 92

zweistöckigen Giebelhäusern im flämischen Renaissancestil. Doppelgiebelfront, Treppenturm und Loggia kennzeichnen das **Stadhuis**.

An der Ecke Grote Markt/Ooststraat ragt der **Spanische Pavillon** auf, ein festungsartiger Bau, der im 17. Jh. den Besatzern als Stabsquartier diente. Die **Alte Fleischhalle** wird heute als Stadtbibliothek genutzt. Das **Haus der Stadtwache** lockert den Platz mit seinen hübschen Arkaden auf. Das Ensemble wird beherrscht vom Backsteinturm (13. Jh.) der **St.-Niklaaskerk** am Appelmarkt. Die **St.-Walburgakerk** hinter dem Rathaus blieb unvollendet. Ihr Portalbau steht als Symbol des Scheiterns nutzlos einige Meter seitab. Hier beginnt am letzten Sonntag im Juli die eindrucksvolle Büßerprozession.

Info

Dienst voor Toerisme

- Grote Markt 29
- 8630 Veurne
- Tel. 058/33 55 31
- www.veurne.be

Ieper 8

Im späten Mittelalter war Ieper (Ypern; heute 35 000 Einw.) eine bedeutende Stadt. Im Ersten Weltkrieg fast völlig zerstört, wurde sie nach Originalplänen wieder aufgebaut.

Am Grote Markt beeindruckt die 132 m lange, vom **Belfried** (70 m) überragte frühgotische Sandsteinfassade der ****Tuchhalle**. Hier wurde das ****Museum In Flanders Field** eingerichtet, dessen permanente Ausstellung in einer 2012 völlig neu konzipierten Szenografie die Schrecken des Ersten Weltkriegs plastisch vor Augen führt (April–15. Nov. tgl. 10–18, sonst Di–So 10–17 Uhr, www.inflandersfields.be).

Zur Rechten der Tuchhalle bleibt der Blick am Rathaus mit der eleganten Renaissancefassade, dem **Nieuwerk** (17. Jh.), hängen.

Kortrijk 9

Die lebhafte Dienstleistungs- und Industriestadt an der Leie (73 600 Einw.) datiert aus römischer Zeit. Im Mittelalter brachten Damastwebereien Wohlstand. Den Grote Markt im Zentrum überragen der gotische **Belfried** (1300) und das gotische **Rathaus** mit zwei eleganten Renaissancekaminen. Ein Blickfang abseits des Markts ist die gotische **Sint-Maartenskerk** mit ihrem mächtigen Westturm. Gar nicht weit davon liegt der romantische *Begijnhof (13. Jh.) und etwas weiter die **Onze-Lieve-Vrouwekerk,** die hochrangige Kunstwerke birgt: die Kapelle der Grafen von Flandern mit der fein gearbeiteten Alabasterstatue der hl. Katharina und im linken Querschiff van Dycks »Kreuzaufrichtung« (1631). Die beiden **Broeltoren** an der Leie sind Reste der burgundischen Befestigung.

Erst-! klassig

Info

Dienst Toerisme

- Begijnhofpark
- 8500 Kortrijk
- Tel. 056/27 78 40
- www.kortrijk.be/toerisme

Hotels

Messeyne ●●–●●●

Elegantes Hotel in einem Stadthaus von 1662 mit sehr gutem Restaurant.

- Groeninghestraat 17
- Tel. 056/21 21 66
- www.hotelmesseyne.be

Sandton Hotel Broel ●●–●●●

Elegantes Hotel am Broelturm: 70 Zimmer, Pool, Sauna, Solarium.

- Broelkaai 8
- Tel. 056/21 83 51
- www.sandton.eu/nl/kortrijk

Dharma ●

Charmantes B & B mit der Eleganz eines Boutique-Hotels.

- Groeningestraat 18
- Tel. 056/29 36 56
- www.bedandbreakfast-dharma.be

Zwischenstopp: **Restaurant**

David Selen ●●–●●●

Exzellente saisonale Küche, preiswerter Mittagstisch.

- Meensesteenweg 199
- Tel. 056/37 41 05
- www.davidselen.com
- Mi, Do u. So abend geschl.

Oudenaarde 10

»Verduren«, Tapisserien mit Szenerien in grünblauen Tönen aus Oudenaarde (30 300 Einw.) waren vom 15. bis 17. Jh. europaweit begehrt. Einige Prachtexemplare hängen im Rathaus. Noch heute spielt die Textilindustrie eine wichtige Rolle.

Erst-! klassig

Das beherrschende Bauwerk des Grote Markt ist das prächtige hochgotische Stadhuis mit dem harmonisch in die Fassade eingefügten Belfried und dem vergoldeten Wahrzeichen der Stadt, »Hanske 't Krijgerke«, auf dem First. Den Ratssaal sollte man nicht versäumen (April–Okt. Mo–Fr Führung 11 und 15, Sa, So, Fei 14 und 16 Uhr). An der Rückfront des Rathauses steht die ehemalige **Tuchhalle** (13. Jh.). Westlich des Grote Markt erhebt sich die spätgotische **St.-Walburgakerk,** deren nie vollendeter Turm das Stadtbild prägt. Auch hier gibt es einen **Beginenhof** mit Kapelle. Am anderen Flussufer ragt die Kirche **Onze-Lieve-Vrouw-van-Pamele** auf, ein Meisterwerk der Scheldegotik.

Info

Dienst Toerisme

- Glazen Huis
- Hoogstraat
- 9700 Oudenaarde
- Tel. 0 55/31 72 51
- www.oudenaarde.be

Geraardsbergen 11

Das romantische Städtchen (32 700 Einw.) liegt auf einem Hügel an der Dender in den »flämischen Ardennen«. Der **Oudenberg** ist am letzten Sonntag im Februar Ausgangspunkt des »Krakelingenworp«. Während des Volksfestes werden zentnerweise Kekse in die Menge geworfen. Bei Einbruch der Dunkelheit entzündet man den Tonnekenbrand, ein Feuer in Tonnen. Am **Grote Markt** sehenswert sind die Bartholomäuskirche, das Rathaus (14. Jh.), im 19. Jh. im Rokokostil renoviert, sowie die älteste Plastik des »Manneken Pis«.

Die Wallonie

Das Beste!

- Zurückhaltende Pracht: Schloss Belœil › S. 120
- Eine Besichtigung der historischen Schiffshebewerke am Canal du Centre › S. 118
- Ein Blick von der Brücke auf die Kathedrale von Tournai › S. 121
- Ein melancholischer Spaziergang durch die Ruinen von Villers-la-Ville › S. 114

Hier konkurrieren Steinzeitzeugnisse mit früher Industriekultur, Karnevalskostüme wetteifern mit kirchlicher und weltlicher Pracht. Die Seenlandschaft glänzt mit seltener Flora und Fauna.

Das südliche Belgien, zwischen Ardennen und Mons, hatte lange nicht den besten Ruf. Unter den grünen Hügeln des Hainaut (Hennegau) mit den zahlreichen Schlössern und Herrenhäusern war schon zu Beginn des 19. Jh. Steinkohle gefunden worden, und aus der friedlichen Landschaft wurde ein rußiges, lautes Industrierevier, das freilich auch ganz Belgien Wohlstand brachte. Ende der 1970er-Jahre geriet die Montanindustrie in eine schwere Krise, von der sie sich bis heute nicht erholt hat. Die plötzliche Armut des Südens, der nun auf staatliche Subventionen angewiesen ist, spült Wasser auf die Mühlen nationalistischer flämischer Parteien und ist ein steter Zankapfel im schwelenden belgischen Konflikt.

Touristisch aber hat die einstige schwarze Region inzwischen aufgeholt. Die Industriedenkmäler um Charleroi sind museal hergerichtet und zeigen Besuchern eine Vergangenheit, die vor wenigen Jahrzehnten noch Zukunft war. Mons und Tournai sind schöne, behagliche Provinzstädte mit viel Sinn für Kultur. Eine Reihe von Schlössern hat die Zeiten glänzend überstanden, allen voran Château Belœil, eines der prächtigsten Schlösser Belgiens.

Der südlichste Zipfel der Region ist von Wäldern und Seen geprägt, kleine Dörfer und saubere Höfe setzen ihre Akzente in dem grünen Hügelland. Wie elegant es hier auch zugehen konnte, zeigt eindrucksvoll das Kloster Chimay.

Oben: Schloss Belœil befindet sich seit 1394 in Besitz des Hauses Ligne
Links: Der Karneval in Binche lässt die Gilles durch die Stadt tanzen

Touren in der Region

Tour 14 Schiffshebewerke im Wandel der Zeiten

Tour-Übersicht:

Verlauf: **Mons › Strépy-Thieu › Ronquières**

Dauer: 1 oder 2 Tage, je nach Interesse

Praktische Hinweise:

- Anfahrt mit dem eigenen Auto.
- Schiffshebewerke am Canal du Centre: Autobahn E 19-E 42, Ausfahrt 21 »Le Roeulx«, der Ausschilderung »Ascenseur 1 – Cantine des Italiens« folgen.
- Schiffshebewerk Strépy-Thieu: Autobahn E 19–E 42, Ausfahrt 21 »Le Roeulx«, der Ausschilderung »Strépy-Thieu; Pays de Génies folgen.
- »Schiefe Ebene«: Autobahn E 19, Ausfahrt 20, »Feluy«, dann N 534 bis Ronquières (Infos unter http://voiesdeau.hainaut.be).

Touren in der Wallonie

Tour 14
Schiffshebewerke im Wandel der Zeiten
Mons › Strépy-Thieu › Ronquières

Tour 15
Die größten Seen Belgiens
Mons › Beaumont › Barrage de l'Eau de l'Heure › Etang de Virelles › Chimay

Tour-Start:

Auf dem Weg vom Hennegau nach Brabant haben die Binnenwasserstraßen beträchtliche Höhenunterschiede zu überwinden. Dafür wurden schon im 19. Jh. verschiedene Methoden ausprobiert. Es begann mit den ***__hydraulischen Aufzügen der Schiffshebewerke am Canal du Centre__**, die auf der Liste des Weltkulturerbes stehen. Das erste der Werke in Houdeng-Goegnies ging 1888 in Betrieb, die drei anderen (Houdeng-Aimeries, Strépy-Bracquegnies und Thieu) 1917.

Seit 2002 ersetzt das **Schiffshebewerk Strépy-Thieu** › S. 118 die

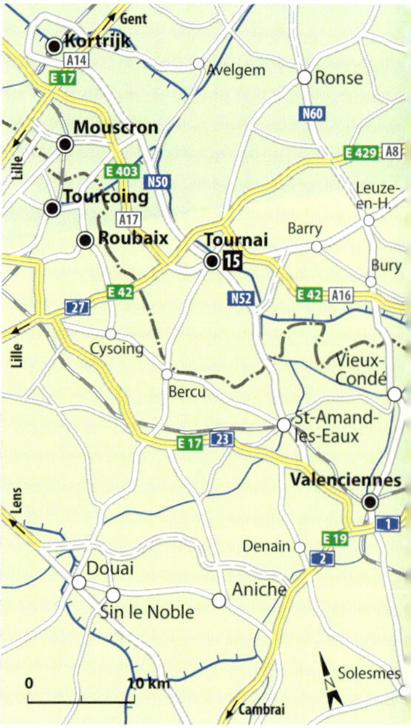

altertümlichen Aufzüge. Es überwindet 73 m Höhenunterschied in einem Zug. Es gibt keine gusseisernen Strebewerke mehr, sondern ein Hebewerk von 117 m Höhe, in dem zwei separate, mit Wasser gefüllte, 8000 t schwere Wannen die Kanalschiffe auf das jeweils andere Niveau heben.

In **Ronquières › S. 113 besann man sich in den 1960er-Jahren auf das Prinzip Rolltreppe und baute am Canal de Bruxelles die »Schiefe Ebene«. Hier fahren die Schiffe in eine riesige Wanne, die an starken Stahlseilen eine schräge Bahn hinaufgezogen oder hinuntergelassen wird.

Sämtliche Hebewerke sind samt ihrer angeschlossenen Museen zu besichtigen.

Tour 15 Die größten Seen Belgiens

Tour-Übersicht:

Verlauf: Mons › Beaumont › Barrage de l'Eau de l'Heure › Etang de Virelles › Chimay

Dauer: 1 Tag

Praktische Hinweise:

- Fahrt mit dem eigenen Wagen auf der Route Nationale von Mons nach Beaumont, anschließend weiter nach Boussu-lez-Walcourt. Nach Süden über Cerfontaine und Virelles nach Chimay. Infos: www.lacsdeleaudheure.be.
- Picknickkorb einpacken!

Tour-Start:

Die großen Seen – das sind im kleinen Belgien überschaubare Wasserflächen. Beide befinden sich in der nach Frankreich hineinreichenden Ecke, die von Feldern und Wäldchen geprägt ist. **Beaumont** › S. 116 z.B. liegt mitten im Wald und wartet mit dem Salamander-Turm aus dem 11. Jh. auf, den wohl schon Napoleon bewundert hat. Jedenfalls sind die Zeugnisse seines kurzen Aufenthalts Teil des darin untergebrachten Museums (Mi geschl. Mai, Juni, Sept. 10–17, Juli, Aug. 10–18 Uhr).

Der Stausee **Barrage de l'Eau de l'Heure** ist ein riesiges Freizeitzentrum mit Rutschbahn, Bootsverleih, Jetski, Windsurfen, Verkehrsübungsplatz für Kinder und Grillplätzen. Wer sich dem ganzen theoretisch nähern möchte, kann dies in der Modellhalle des Centre d'Accueil de la Plate Taille tun (tgl. 10–17/18/19 Uhr, je nach Jahreszeit). Ein Kontrastprogramm dazu ist der **Etang de Virelles** in grünem Hügelland, der größte natürliche See Belgiens, von einem Schilfgürtel umgeben und Rückzugsgebiet für seltene Pflanzen und Tiere.

Chimay › S. 116 bildet das kulinarische Finale der Tour: Bier und Käse, hergestellt im Trappistenkloster Notre-Dame de Scourmont, erfreuen Gaumen und Seele, und in der **Klosterherberge Auberge de Poteaupré** ●● ca. 4 km südöstlich von Chimay gibt es Übernachtungsmöglichkeiten (Rue de Poteaupré, 6464 Bourlers, Tel. 060/21 14 33, Restaurant Di–So 11–22, Sept.–Pfingsten Di, Do 11–17, Fr–So 11–22 Uhr; www.chimay.com).

Unterwegs im südlichen Belgien

Halle 1

Seit dem Mittelalter ist Halle (37 000 Einw.) ein bedeutender Marienwallfahrtsort (Prozessionen an Pfingsten sowie am ersten Sonntag im Sept. und Okt.). Ziel der Pilger ist die wundertätige Schwarze Madonna (13. Jh.) über dem Hochaltar der spätgotischen **Onze-Lieve-Vrouwebasiliek**. Der mächtige Glockenturm besitzt ein Spiel mit 54 Glocken. Bemerkenswerte Skulpturen sind an den Portalen zu sehen, vor allem die Jungfrau mit Kind und die Marienkrönung.

Wichtigste Kunstwerke im Kircheninneren sind der reich mit Figuren geschmückte Deckel des Taufbeckens von 1466 und die ausdrucksstarken Apostelfiguren im Chor. Die Krypta beherbergt den kostbaren Kirchenschatz. Die 32 Kanonenkugeln neben dem Eingang erinnern an das Jahr 1580, als die Schwarze Madonna gegen die Kalvinisten verteidigt werden musste.

Nivelles 2

In Nivelles (26 800 Einw.) gründete Itta, die Witwe Pippins d. Ä., mit

Die 1430 m lange Schiefe Ebene bewältigt Schiffe bis zu 1350 t

ihrer Tochter, der hl. Gertrud, um 650 ein Kloster. Im 12. Jh. bekam die Stadt einen Befestigungsring, von dem noch die Tour Simone erhalten ist. 1940 wurde die ***Stiftskirche Ste-Gertrude** aus dem 11. Jh. zerstört. Beim Wiederaufbau legte man merowingische und karolingische Gebäudeteile sowie das Grab der hl. Gertrud frei. Dorthin zieht an jedem ersten Sonntag im Oktober eine große Pferdeprozession.

Der gewaltige Bau mit 102 m langem Langhaus, zwei Querschiffen und zwei Chören ist ein gutes Beispiel für die ottonisch geprägte Romanik. Über dem Westchor liegt der Kaisersaal mit drei großartigen Kuppeln, unter dem Ostchor die Krypta mit Kreuzgratgewölbe und Resten der fünf Vorgängerkirchen.

Das **Archäologische Museum** zeigt neben Funden von der prähistorischen bis zur römischen Zeit vier Statuen vom gotischen Lettner der Stiftskirche (Di–Fr sowie 2. und 4. So im Monat 9.30–12, 14–17 Uhr).

Info

Office de Tourisme

- Hôtel de Ville
- 48, rue de Saintes
- 1400 Nivelles
- Tel. 067/21 54 13
- www.tourisme-nivelles.be

Hotel

Hotel Nivelles-Sud ●●

115 helle, freundliche Zimmer in einem modernen Mittelklassehotel; kleines Schwimmbad, Terrasse, gutes Restaurant und Spieleangebot.

- 22, chaussée de Mons
- Tel. 067/21 87 21
- www.hotelnivellessud.be

Ronquières 3

Mit Hilfe der ****Schiefen Ebene** von Ronquières gelingt es der Binnenschifffahrt, die Höhenunterschiede – in diesem Fall die 68 m im Verlauf des Kanals Brüssel–Charleroi – zu überwinden. Die Schiffe werden in riesigen, wassergefüllten Becken mit

Erst-! klassig

Die hübschesten Dörfer der Wallonie

Die Wallonie ist stolz auf ihre schönen Dörfer. Intakte Dorfstrukturen mit traditioneller Architektur und lebendiger Dorfgemeinschaft lohnen einen Abstecher. Die Vereinigung »Les Plus Beaux Villages de la Wallonie« veranstaltet im Sommer sonntags geführte Wanderungen zu den schönsten Dörfern.

Les Plus Beaux Villages de la Wallonie
7, rue Haute,
5332 Crupet
Tel. 083/65 72 40
www.beauxvillages.be

- **Aubechies** (26 km östl. von Tournai › S. 120 nahe der N 7 bei Leuze) besticht mit römischen Ausgrabungen und einer romanischen Kirche.
- **Ragnies** (südwestl. von Charleroi › S. 114 im Bezirk Thuin). Hier kann man Fleisch und diverse Schnäpse direkt beim Erzeuger kaufen.
- **Lompret** (zwischen Chimay › S. 116 und Etang de Virelles). Wälder, Wasser und eine malerische Burgruine – hier ist es romantisch.
- **Fagnolle** (südl. von Charleroi › S. 114 und Philippeville, über die N 5). Das zentrale Ensemble grauer Steinhäuser hat sich samt Waschplatz seit über 100 Jahren erhalten.
- **Vierves-sur-Viroin** (südl. von Philippeville an der N 99). Hauptblickpunkt dieses Dörfchens ist sein Schloss mit dem kecken roten Turm.
- **Soulme** (östl. von Philippeville, zwischen N 7 und N 40). Eine alte Mühle mit Backofen und die romanische Kirche verleihen dem Ort Charakter.

Stahlseilen über eine schiefe Ebene hinaufgezogen bzw. hinuntergelassen. Zu jedem Becken gehört ein Gegengewicht (4500 t). Auf diese Weise kann die Anlage mit geringer Motorenkraft betrieben werden.

Vom Steuerturm aus hat man eine prächtige Aussicht auf das technische Meisterwerk und weit über das Land des Hennegau (Mitte März–Okt. tgl. 10–19 Uhr, letzter Einlass 17 Uhr). Noch spannender ist eine Bootsfahrt über die Schiefe Ebene, die im Sommer in diversen Varianten angeboten wird (Infos: Voies d'Eau du Hainaut, Tel. 078/05 90 59, http://voiesdeau.hainaut.be). Erst-! klassig

Villers-la-Ville 4

Bernhard von Clairvaux gründete 1147 diese Zisterzienserabtei, die zeitweilig eine der reichsten Abteien Belgiens war. Zerstörungen und Plünderungen während der Religionskriege und der Französischen Revolution beförderten ihren Untergang. Durch die eindrucksvollen, mit Efeu überrankten Ruinen führt ein ausgeschilderter Rundweg. Erst-! klassig

Charleroi 5 und Umgebung

Im 19. und frühen 20. Jh. wurde in und um Charleroi (201 000 Einw.) das Schwarze Gold der Wallonie gefördert. Dank der Kohlevorkommen entstand im 16. Jh. auch die erste Glashütte. Die Industriegeschichte wird auf dem Gelände der Kohlegrube Bois du Cazier in der Vorstadt

Marcinelle lebendig: Das **Espace Musée de l'Industrie** zeigt in denkmalgeschützten Industriegebäuden alte Fördertechnik und Werkstätten. Es dokumentiert ein Grubenunglück im Jahr 1956, bei dem 262 Bergleute umkamen. Im alten Kraftwerk finden Ausstellungen und Veranstaltungen statt, unter Tage gibt es Besucherführungen (Di–Fr 9–17, Sa, So 10 bis 18 Uhr, www.leboisducazier.be). Das **Musée du Verre** informiert über die Methoden der Glasherstellung und zeigt exquisite Jugendstil-Werke (http://charleroi-museum.be).

Im ehemaligen Kloster von **Mont-sur-Marchienne** dokumentiert das **Musée de la Photographie** mit historischen Geräten und Aufnahmen die Geschichte der Fotografie (11, ave Paul Pastur, 6032 Charleroi; GPS: Place des Essarts, Di–So 10–18 Uhr, www.museephoto.be).

Info

Maison du Tourisme

- 20, place Charles II
- 6000 Charleroi
- Tel. 071/86 14 14
- www.charleroi.be

Aulne 6

In einem Bogen der Sambre liegt die Ruine der **Abbaye d'Aulne.** Das Kloster geht der Legende nach auf eine Gründung des hl. Landelinus 656 zurück. 1147 übernamen es Mönche aus Clairvaux, 1794 zerstörten die Franzosen die Abtei. Der verbliebene Chor und das Querschiff der Kirche bezeugen noch heute eindrucksvoll die einstige Größe des Klosters.

Lobbes 7

Ein reuiger Straßenräuber, der später heilig gesprochene Landelinus, soll im 7. Jh. die hiesige Benediktinerabtei gegründet haben, die während der Französischen Revolution zerstört wurde. Auf dem Hügel steht die karolingische **Collégiale St.-Ursmer** (11. Jh.). Der Vierungsturm kam im 19. Jh. hinzu. Chor, Krypta, Portikus und Westturm sind noch romanisch. In der Krypta stehen die Sarkophage der Heiligen Ursmer und Ermin (9. Jh.).

Thuin 8

Die malerische Stadt (15 000 Einw.) erstreckt sich auf dem Uferhang der Sambre. Von der Stadtmauer, die Fürstbischof Notger von Lüttich ca. 1000 errichten ließ, ist noch der Wachturm **Tour Notger** erhalten. Vom **Belfried** aus hat man einen schönen Blick auf das Städtchen.

Das **Ecomusée de la Batellerie** (Binnenschiffermuseum) ist im historischen Frachtkahn »Thudo« eingerichtet. Hier erfährt man alles über den Bau der Flussschiffe und das Leben an Bord. Tatsächlich bestimmte die Binnenschifffahrt nach der Französischen Revolution das Leben des gesamten Städtchens (April–Sept. Mi–So 14–18 Uhr). Erhalten ist auch das alte **Binnenschifferviertel,** *le quartier de la batellerie.*

An einem Hang über dem Tal von Bismelle erstrecken sich die im Mittelalter auf Terrassen angelegten **Hängenden Gärten,** *jardins suspendus.* Der Weg ist ausgeschildert.

› Karte S. 110

Alljährlich am letzten Maiwochenende findet im Rahmen der St.-Rochus-Prozession eine der berühmtesten historischen Militärparaden des Hennegaus statt.

Erst-! klassig

Info

Maison du Tourisme

- 2, pl. Albert 1er
- 6530 Thuin
- Tel. 071/59 69 19
- www.visitthudinie.be

Beaumont 9

Der Forêt de Rance (Rancewald) umschließt Beaumont, wo mit der trutzigen Tour Salamandre der letzte Rest der Stadtbefestigung aus dem 12. Jh. erhalten blieb. **Montignies-St.-Christophe** ist bekannt für seine »Römische Brücke«, die aber aus dem 18. Jh. stammt.

Östlich von Beaumont ist der größte Stausee Belgiens (351 ha), Barrage de l'Eau d'Heure, ein beliebtes Wassersport- und Erholungsgebiet. Nicht weit davon liegt in einem Naturpark auch der **Etang de Virelles,** der größte natürliche See des Landes.

Erst-! klassig

Hotels

Hotel de Franc Bois ●

Landhotel am Etang de Virelles.

- 18, rue Courtil aux Martias
- 6463 Lompret
- Tel. 060/21 44 75
- www.hoteldefrancbois.be

Hostellerie du Gahy ●●

Sechs schöne Zimmer und ein beglückendes Menü bietet der umgebaute Hof an der französischen Grenze.

- 2, rue Gahy
- 6520 Momignies
- Tel. 060/51 10 93 | Fax 51 30 05

Chimay 10

Im südlichsten Zipfel des Hennegau lohnt das **Renaissanceschloss** von Chimay einen Besuch. Hinter der Kalksteinfassade öffnen sich herrliche Salons und ein Rokokotheater (1863), in dem im September Musikfestspiele stattfinden (Ostern–31. Okt. tgl. Führungen 10, 11, 15 und

SEITENBLICK

Karneval in Binche

Binche ist weithin für seinen Karneval bekannt. Am Karnevalsdienstag beherrschen die »Gilles« die Stadt. Im Morgengrauen sammeln sich Hunderte von Männern in ihren mit Wappen und Löwen besetzten Kostümen in den Straßen. Sie tragen weiße Hauben und feine Masken, die ein rosiges Gesicht mit Schnurrbart und grüner Brille zeigen. So klappern sie auf ihren Holzschuhen rhythmisch durch die Straßen. Am Nachmittag legen sie die Masken ab, setzen einen Kopfschmuck aus Straußenfedern auf und nehmen einen Korb mit Orangen in die Hand. Zu den Klängen von Viola, Akkordeon, Drehorgel und Trommeln tanzen sie dann durch die Stadt, begleitet von allerlei bunten Masken, die die Straßen in einen fröhlichen Hexenkessel verwandeln.

16 Uhr). In der gotischen Kollegiatskirche **Sts-Pierre-et-Paul** steht in der ersten Kapelle rechts das Epitaph des Historikers und Dichters Jean Froissart (1337–1410).

Info

Maison du Tourisme de la Botte du Hainaut

- 4, rue des Noailles
- 6460 Chimay
- Tel. 060/21 98 84
- www.botteduhainaut.com

Unterkunft

B&B Le petit Chapitre ●

Ruhiges B&B mit fünf üppig dekorierten Zimmern voller Antiquitäten.

- 5, place du Petit Chapitre
- 6460 Chimay
- Tel. 060/21 10 42

Binche 11

Die reizvolle Altstadt von Binche (32 400 Einw.) liegt im Schutz eines mittelalterlichen Befestigungswalls mit 27 Türmen. Am besten erhalten ist der südliche Teil zwischen dem Museum und der **Collégiale St.-Ursmer.** Diese frühromanische Kirche wurde nach schweren Schäden (16. Jh.) wieder aufgebaut. Aus der Gründungszeit stammen ein Teil des Turms und das Hauptportal.

Binche ist bekannt als Karnevalshochburg. Die ganze Stadt ist auf den Beinen, wenn am Karnevalsdienstag die Gilles durch die mittelalterlichen Straßen tanzen.

Nahe der Kollegiatskirche kann man die prächtigen Masken und Kostüme aus Binche sowie Masken

Nachwuchs-Gille beim Karneval in Binche

aus allen Teilen der Welt im Musée International du Carnaval et du Masque bewundern (Di–Fr 9.30–17, Sa, So 10.30–17 Uhr, www.museedumasque.be).

Erst-! klassig

Info

Office du Tourisme

- Grand' Place
- 7130 Binche
- Tel. 064/33 67 27
- www.binche.be

Hotel

Les Volets Verts ●●

Angenehmes Gästehaus mit Garten und 4 unterschiedlich gestalteten Zimmern in einer ruhigen Altstadtstraße. Der Übernachtungspreis schließt ein gutes Frühstück mit ein.

- 4, rue de la Triperie
- Tel. 064/33 31 47
- www.lvv.net

› Karte S. 110

10 ***Schiffshebewerke

Die vier historischen Schiffshebewerke des Canal du Centre wurden als herausragende Zeugnisse der Ingenieurskunst in die Weltkulturerbeliste der UNESCO aufgenommen. Jeder der vier hydraulischen Aufzüge überwindet eine Höhe von 17 m: Das – höchstgelegene – Hebewerk Nr. 1 in Houdeng-Goegnies, Nr. 2 in Houdeng-Aimeries, Nr. 3 in Bracquegnies sowie Nr. 4 in Thieu.

Das erste Werk wurde 1888 gebaut, das letzte 1917. Die Aufzüge sind wahre Zeugnisse der Gründerzeit: Türmchen und Zinnen kaschieren das technische Wunderwerk. Das Prinzip ist einfach: Zwei Becken ruhen auf hohen Kolben, das eine unten, das andere oben. Fährt ein Schiff in ein Becken ein, senkt sich das obere Becken, welches stets mehr Wasser enthält als das untere, und hebt das Schiff an sein Ziel. Weltweit sind diese historischen Aufzüge die einzigen, die noch in Betrieb sind – wenn auch

Die Schiffshebewerke am Canal du Centre sind technische Meisterwerke

heute nur noch für Touristenboote. Zwei Stunden dauert die Bootsfahrt durch das ganze Schiffshebewerk (Mitte März–Okt. tgl. 10 und 14 Uhr, Tickets: Tel. 078/05 90 59, http://voiesdeau.hainaut.be).

Das Museum **Cantine des Italiens** dokumentiert die Geschichte des Kanals (90, rue Tout-Y-Faut, Houdeng-Goegnies, Tel. 064/84 78 32).

Eine moderne technische Meisterleistung ist das 2002 am neu gebauten Parallelkanal des alten Canal du Centre eröffnete **Schiffshebewerk von Strépy-Thieu 12**, wo Binnenschiffe, ebenfalls per hydraulischem Aufzug, einen Höhenunterschied von 73 m überwinden (Besichtigung Mitte März bis Nov. 9.30–18.30, Einlass bis 17 Uhr).

Mons 13

In der Provinzhauptstadt (91 100 Einw.) des Hennegau kam 1532 Orlando di Lasso zur Welt, einer der größten Musiker der Renaissance. Im Mittelalter wurde die Tuchmacherstadt von Spanien, Österreich und Frankreich okkupiert. Im 19. Jh. florierte der Kohlebergbau, Mons wurde zum Zentrum der Borinage, des belgischen Kohlenpotts.

Herz der Kulturhauptstadt Europas 2015 (www.mons2015.eu) ist die **Grand-Place** mit dem gotischen **Rathaus.** Links neben dessen Hauptportal fällt der Blick auf ein Äffchen. Dieser »Singe de Grand-Garde« gilt heute als Glücksbringer, früher war er vielleicht Teil des Kinderprangers. Die Innenräume des Rathauses mit ihren Tapisserien können besichtigt werden. In der Rue Neuve zeigt das moderne BAM, das **Musée des Beaux-Arts Mons**, zeitgenössische Kunst aus der Region (www.bam.mons.be).

Der 87 m hohe barocke **Belfried** (mit vielen anderen in Belgien Teil des UNESCO-Weltkulturerbe, Glockenspiel) ist das Wahrzeichen von Mons. Er steht auf dem Square du Château an der Stelle des früheren Schlosses der Grafen des Hennegau, zu besichtigen ist auch die Kapelle **Saint Calixte** mit ihrer Krypta.

Die Stiftskirche **Sainte Waudru** auf der Anhöhe hat Mathieu de Layens im Stil der Brabanter Spätgotik entworfen (1450–1686). Sie birgt eine Sammlung bemerkenswerter Alabaster-Statuen (16. Jh.) sowie die Schatzkammer.

Info

Maison du Tourisme

- 22, Grand Place
- 7000 Mons
- Tel. 065/33 55 80
- www.monsregion.be

Hotel

St. James ●●

Außen historisch, innen wunderschönes modernes Design.

- 8, pl. de Flandre
- Tel. 065/72 48 24
- www.hotelstjames.be

Zwischenstopp: **Restaurants**

Devos ●●●

Regionale Spezialitäten in Vollendung.

- 7, rue de la Coupe
- Tel. 065/35 13 35
- So und Mo abends, Mi geschl.

Le Marchal ●●

Feine französische Küche in einer noblen Stadtvilla.

- 4, Rampe Ste-Waudru
- Tel. 065/31 24 02
- Mo, Di mittags, So–Do abends geschl.

Ausflüge

Cuesmes und Le Grand Hornu

In **Cuesmes** etwas südwestlich von Mons lebte Vincent Van Gogh 1879/80 als Laienprediger bei einer Bergarbeiterfamilie. Hier entstanden seine frühen Bilder, die die harten Lebensbedingungen der Arbeiter widerspiegeln. Im unscheinbaren **Haus van Gogh** ist dem Künstler eine kleine Ausstellung gewidmet worden (3, rue du Pavillon, Di–So 12–18 Uhr). Ungefähr 13 km weiter westlich liegt die denkmalgeschützte Industrieanlage **Le Grand Hornu** (1810–1830). Der Bergwerkseigner ließ hier Produktionsstätten und Verwaltungsgebäude errichten, dazu einen Herrensitz für seine Familie und eine Arbeitersiedlung. Das hochmoderne **MAC's** (Musée d'Art Contemporain) präsentiert Wechselausstellungen zeitgenössischer Kunst (82, rue Ste-Louise, Di–So 10–18 Uhr, www.mac-s.be).

***Minen von Spiennes

Ca. 7 km südöstlich von Mons wurde in der Jungsteinzeit (4000 bis ca. 750 v. Chr.) Feuerstein in großem Stil abgebaut und exportiert. Die Schächte waren bis zu 15 m tief. Wegen der einzigartigen Bedeutung dieses frühen Industriegebiets wurden

› Karte S. 110

Die fünf Türme der Kathedrale Notre-Dame dominieren Tournai

die Feuersteinminen von Spiennes als UNESCO-Weltkulturerbe klassifiziert. Eine Besichtigung ist zurzeit nicht möglich, aber für 2014 ist die Eröffnung eines Besucherzentrums und eines neuen Museums geplant (www.minesdespiennes.org).

11 **Schloss Belœil 14

Belœil (12 800 Einw.) ist wegen seines berühmten Schlosses ein Muss. Mit barocken Formen, doch wegen der Verwendung von Ziegel und Sandstein ungewohnt streng und ernst, war es seit dem 14. Jh. über Generationen im Besitz der Prinzen de Ligne. Die kostbar möblierten Räume sind mit den Geschenken so illustrer Gäste wie Marie-Antoinette, Johann Wolfgang von Goethe, Katharina der Großen, Jean Jacques Rousseau und Voltaire ausgestattet. Die Bibliothek umfasst mehr als Erst-klassig 20 000 Bände. Der 120 ha große Park mit fantasievollen Barockgärten, wohl eine Anlage des berühmten Gartenbauers Le Nôtre, gilt als der schönste Belgiens (Juli, Aug. tgl. 13–18 Uhr, April–Juni, Sept. nur Sa, So, Fei 13–18, Einlass bis 17.15 Uhr; www.chateaudebeloeil.com).

**Tournai 15

Zusammen mit Tongeren › **S. 86** ist Tournai (69 700 Einw.) die älteste Stadt Belgiens. Der ruhige, bürgerliche Ort über der Schelde (Escaut) genießt den Ruf einer bedeutenden Kunststadt. Grandioser Mittelpunkt der Stadt ist die dreieckige ****Grand' Place** mit den prächtigen Renaissance-Bürgerhäusern. Das Denkmal auf dem Platz erinnert an Christine de Lalaing, die während der Religionskriege 1581 die Verteidigung der Stadt leitete. Im Keller der ehemaligen **Halle aux Draps** (Tuchhalle; 1610) wurde beim Wiederaufbau eine romanische Krypta freigelegt.

Der 72 m hohe, frei stehende **Belfried** gegenüber der **Eglise St.-Quentin** (13. Jh.) gilt als der älteste in Nordeuropa und besitzt ein Glockenspiel mit 57 Glocken.

Zur Zeit des Übergangs von der Romanik zur Gotik entstand die stolze ***Cathédrale Notre-Dame aus Tournaiser Kalkstein. Nachdem die Romanik mit dem enormen Kirchenschiff, den beiden Osttürmen und dem Vierungsturm in den Bau einging, ist der Hochchor ein Meisterwerk der Gotik. Zu den kunsthistorischen Kostbarkeiten des Weltkulturerbes zählen die romanischen Skulpturen am Nordportal, der sog. Porte Mantile. Die Ausmaße des Innenraums überwältigen: 134 m lang, 66 m breit, 33 m hoch; der Chor ist fast so lang wie das Langschiff. Ein reich dekorierter Renaissancelettner trennt die beiden Bauteile. Der Bildschmuck der Säulen, gotische Grabsteine, Fresken und Glasfenster im Querschiff sowie Werke von Rubens und Jordaens ergänzen das Bild.

In einem sternförmigen Jugendstilbau von Victor Horta ist das mit reichen Beständen ausgestattete **Musée des Beaux-Arts** untergebracht. Es besitzt Gemälde von Manet, Rogier van der Weyden, Gossaert, der Familie Brueghel, Jordaens, James Ensor und van Gogh sowie Skizzen von Rubens und Toulouse-Lautrec (Enclos St-Martin, April–Okt. tgl. außer Di 10–17.30 Uhr, sonst Di–Sa 10–12, 14–17, So 14–17 Uhr, jeden ersten So im Monat gratis).

Die Kunst des Teppichwebens, die in Tournai seit dem 15. Jh. ausgeübt wird, veranschaulicht das **Musée de la Tapisserie** (Place Reine Astrid, April–Okt. tgl. außer Di 10–17.30 Uhr, sonst Di–Sa 10–12, 14–17, So 14–17 Uhr jeden ersten So im Monat gratis).

Von der Brücke des Boulevard Delwart bietet sich ein weiter Blick auf den **Pont des Trous** (»Lochbrücke«, um 1290) und die Kathedrale.

Zwischen dem nördlichen Schelde-Ufer und dem Bahnhof erhebt sich an der Rue du Rempart ein massiver Rundturm, die **Tour Henri VIII.** aus dem 16. Jh. Nahe der romanischen Kirche **St.-Brice** mit dem Grab von König Childerich, dem Vater von Chlodwig › S. 121, stehen in der Rue Barre St-Brice die beiden **ältesten erhaltenen Bürgerhäuser Westeuropas** (Nr. 10 und 12). Sie stammen aus dem 12. Jh.

SEITENBLICK

Aus der Stadtgeschichte

Keimzelle der Stadt war die römische Station »Turnacum« an der Straße zwischen Köln und dem Ärmelkanal. Schon zu jener Zeit waren die Produkte der hiesigen Weber berühmt: Man lieferte Stoffe für die Cäsaren. Unter den Merowingern wurde Tournai die erste Hauptstadt ihres Frankenreiches; König Chlodwig, der 466 hier geboren wurde, erhob sie zum Bischofssitz. Der Tuchhandel und der Export des graublauen Kalksteins ermöglichten im 12. und 13. Jh. eine rege Bautätigkeit. Damals wurde auch der Grundstein der mächtigen Kathedrale gelegt. Mehrmals wechselte Tournai zwischen Frankreich und Flandern und wurde immer wieder in Kriege verstrickt, doch die schon im 16. Jh. berühmten Tapisserien, die Kupfer- und Messingschmiedekunst und später die Porzellanherstellung halfen der Stadt, den Wohlstand zu wahren.

Info

Office de Tourisme

- Vieux Marché aux Poteries
- 7500 Tournai
- Tel. 069/22 20 45
- www.tournai.be

Hotels

Cathédrale Tournai ●●

Großzügig ausgestattetes Altstadthotel (59 Zimmer) im ehemaligen Feuerwehrhaus; Nichtraucheretage.

- 2, Place St-Pierre
- Tel. 069/25 00 00
- www.hotelcathedrale.be

Zwischenstopp: **Restaurants**

Le Quai Gourmet ●●

Französische Spezialitäten zu recht zivilen Preisen.

- 8a, quai du Marché au Poisson
- Tel. 069/44 11 01
- www.lequaigourmet.com

Rive Gauche ●

Gemütliche Brasserie direkt am Schelde-Ufer, auf den Tisch kommen belgische Klassiker.

- 37, quai Notre-Dame
- Tel. 069/35 47 36
- Tgl. 12–14, 19–23.30 Uhr

Ath 16 und Schloss Attre

Die Grand'Place von **Ath** dominieren das Rathaus (17. Jh.) und die Kirche Saint-Julien mit ihrem hohen Turm aus dem 15. Jh. Unweit davon versteckt sich in einer der engen Gassen der viereckige **Donjon** (Wehrturm, 14. Jh.).

Die meisten Besucher strömen alljährlich am vierten Sonntag im August nach Ath, zur **Ducasse,** einem Umzug mit einer ganzen Familie von Riesenfiguren: Herr und Frau Gouyasse (Goliath) mit ihren Söhnen und ihrem Gefolge (4 m hoch, 100 kg schwer). Am Vortag wird ab 15 Uhr vor dem Rathaus der Kampf Davids gegen Goliath ausgetragen.

Ca. 6 km südöstlich von Ath steht das charmante Schlösschen Attre. Die Pläne für seine sehr dekorative Treppe sollen auf den Rokokobaumeister François Cuvilliés zurückgehen. Zur Innenausstattung gehören Gemälde von Watteau und Snyders. Sehenswert ist der Park mit dem Taubenturm (nur im Rahmen von Führungen zu besichtigen: April–Juni, Sept/Okt. So 14–17, Juli/Aug. Sa/So 13–17 Uhr). **Erst-klassig**

Soignies 17

Die Keimzelle der Kleinstadt am Ufer der Senne bildete eine Abtei, die um das Jahr 650 vom hl. Vinzenz gegründet wurde. Die **Stiftskirche St-Vincent** ist ein wuchtiger Bau mit lombardischen Bögen, die von zwei massiven Türmen überragt werden. Auf dem alten Friedhof (heute Stadtpark) ist in einer romanischen Kapelle ein interessantes **Archäologisches Museum** untergebracht (Di–Fr 8.30–12, 13.30–16.15 Uhr, Pfingsten–Mitte Sept. auch Sa, So 14–18 Uhr).

Wormeldange, ein malerisches Winzerdorf an der Mosel

Luxemburg

Das Beste!

- Ein Gang durch das Labyrinth der Kasematten auf dem Bockfelsen › S. 131
- Ein Bild von einer Burg bewundern: Schloss Vianden › S. 134
- Ein paar Tanzschritte auf dem Marktplatz von Echternach › S. 135
- Weinprobe: Ein Glas Elbling von der Mosel › S. 126

› Karte
S. 127/130

Der zweitkleinste Staat der EU, entstanden als Grafschaft im Heiligen Römischen Reich und letztes Großherzogtum der Welt, bezaubert nicht nur mit den Zeugnissen seiner langen Geschichte, sondern auch mit einer einzigartigen Landschaft.

Das Großherzogtum Luxemburg (2587 km^2; frz. Grand Duché de Luxembourg) erreicht mit ca. 538 000 Bewohnern gerade mal die Einwohnerzahl einer mittleren Großstadt. Doch sowohl in wirtschaftlicher wie auch in politischer Hinsicht hat das kleine Land einiges in die Waagschale zu werfen: Die Hauptstadt ist ein internationales Bankenzentrum und Sitz bedeutender europäischer Institutionen: EU-Gerichtshof, EU-Rechnungshof, Europäische Investitionsbank und das Sekretariat des EU-Parlaments ziehen ein internationales Publikum ins Land. Polyglott geben sich auch die Einwohner. Sie wechseln neben ihren drei Landessprachen – Deutsch, Französisch und Lëtzebuergesch – meist noch lässig ins Englische.

Stadt und Land Luxemburg sind für einen erlebnisreichen Kurzurlaub wie geschaffen, denn sie bieten ländliche Idylle und kulturelle Genüsse, Kleinstadtruhe plus internationales Flair.

Den Norden das Landes bildet der Ösling, ein etwa 500 m hohes, den Ardennen zugehöriges Hochplateau, das mit den tief eingeschnittenen Tälern der Flüsse Our, Clerve, Alzette und Wiltz, den Burgen und hübschen Kleinstädten eindrucksvolle Landschaftsbilder bietet. Der mittlere und südliche Landesteil, das von den Flüssen Sauer und Mosel begrenzte Gutland, empfängt Besucher mit mildem Klima und einer reizvollen Hügellandschaft, die zum Teil noch immer die Wunden des Bergbaus zeigt.

Der Neubau des Museum für moderne Kunst auf dem Kirchberg

Touren in der Region

Tour 16 Der Mullerthal-Trail

Tour-Übersicht:

Verlauf: **Echternach › Rosport › Moersdorf › Echternach › Berdorf › Müllerthal › Echternach › Müllerthal › Beaufort › Larochette › Müllerthal**

Dauer: 3 Tage. **1. Tag:** 40 km; **2. Tag:** 33 km; **3. Tag:** 37 km.

Praktische Hinweise:

- Anreise mit Auto oder Zug, Busverbindung von Echternach nach Müllerthal.
- Der gut markierte Mullerthal-Trail beschreibt drei große Schleifen, die jeweils zum Ausgangspunkt zurückkehren – ein Tagesrucksack ist deshalb ausreichend.
- Für alle Etappen können auch andere Orte unterwegs als Einstieg gewählt werden. Jede Etappe lässt sich zudem als einzelne Tagestour gestalten (www.mullerthal-trail.lu).

Tour-Start:

Die Tour des ersten Tages beginnt in der alten Stadt ***Echternach** › S. 135. Entlang der Sauer geht es nach Osten, Richtung **Rosport**, und am dortigen, im Tudor-Stil gehaltenen Schloss vorbei. Mit dem Fluss wandert man durch Wald und Wiesen nach Süden bis **Moersdorf**. Unterwegs bietet die Wallfahrtskapelle Girsterklaus einen weiten Blick über die Landschaft. Dann verlässt man die Sauer, passiert Boursdorf, Mompach und Herborn und durchmisst schließlich das einsame Waldgebiet **Haardt**. Am **Echternacher See** ist vor der Rückkehr in die Stadt Gelegenheit für eine erfrischende Pause.

Am zweiten Tag geht es von **Echternach** hinauf zum Aussichtspunkt Troosknäppchen und dann weiter in die Felsenwelt: Die **Wolfsschlucht** jagt Wanderern Schauer über den Rücken. Die Höhle **Huel Lee** weckt Bewunderung: Kreisrunde Löcher in den Wänden zeugen davon, dass hier einst Mühlsteine gebrochen wurden. Nach **Berdorf** durchquert man das Waldgebiet Schnellert und erreicht den Weiler **Müllerthal**. Entlang der Schwarzen Ernz geht es zum **Schiessentümpel** und dann durch eine faszinierende Felsenwelt nach Consdorf. Jetzt wird es eng: die Felsspalte Kohlscheuer scheint Wanderer zu verschlingen. Aber keine Angst: Bald danach öffnet sich die Landschaft wieder, der Weg führt gemütlich zurück nach **Echternach**.

Der dritte Abschnitt des Mullerthal-Trails beginnt in **Müllerthal** und folgt der Schwarzen Ernz nach Norden, dann dem engen Hallerbachtal und schließlich dem Haupeschbach bis zum Schloss von **Beaufort**. Der nächste Ort, **Larochette**, lockt mit einer Burgruine, dann geht es über eine Hochebene mit herrlicher Aussicht. Über Blumenthal wandert man zurück nach **Müllerthal**.

› Karte S. 127

Tour 17 Die Luxemburger Weinstraße

Tour-Übersicht:

Verlauf: Schengen › Remich › Stadtbredimus › Grevenmacher › Wasserbillig

Dauer: 2 Tage

Praktische Hinweise:

- Diese Pkw-Tour ist auch per Schiff machbar: Anlegeplätze der »M.S. Princesse Marie-Astrid« sind in Schengen, Bech-Kleinmacher, Remich, Stadtbredimus, Wormeldange, Grevenmacher und Wasserbillig
- www.moselle-tourist.lu

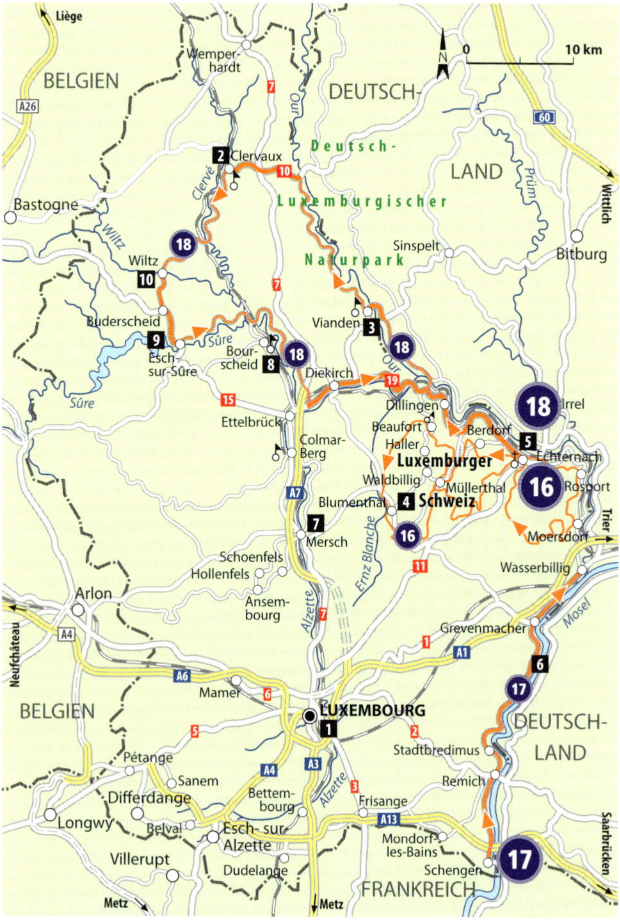

Tour-Start:

Nur 42 km beträgt die Strecke, auf der die Mosel zu Luxemburg gehört. Aber in diesem kleinen Gebiet wird eine solche Menge Wein und Sekt produziert, dass man mit dem Verkosten kaum nachkommt. In **Schengen** quert die Mosel die Grenze von Frankreich nach Luxemburg. Remerschen, Schwebsingen, Wellenstein, Bech-Kleinmacher heißen die ersten Winzerörtchen, die mit schönen Plätzen, alten Kirchen und manchem Schloss aufwarten.

Remich › S. 136 ist der erste größere Ort. Die traditionsreiche Sektkellerei St. Martin (53, route de Stadtbredimus, Tel. 003 52/23 69 97 74, www.cavesstmartin.lu, April–Okt. Di–So 10–11.30, 13.30–17 Uhr) wartet hier auf Besucher, und schöne Spazier- und Wanderwege lassen die Zeit auf geruhsame Weise vergehen.

Auch **Stadtbredimus** genießt einen guten Ruf als Weinort. Hier sitzt der Winzergenossenschaft Vinsmoselle (12, route du vin, Tel. 003 52/23 69 66-1, www.vinsmoselle.lu).

Wer in **Grevenmacher** › S. 136 von bunten Traumgebilden umgaukelt wird, hat wohl nicht den Weg in die älteste Genossenschaftskellerei des Landes genommen, sondern den Schmetterlingsgarten voller Falter und exotischer Vögel gefunden (April–Mitte Okt. tgl. 9.30–17 Uhr).

Der letzte Ort der Weinstraße heißt – ausgerechnet – **Wasserbillig**, er markiert zugleich Luxemburgs tiefsten Punkt. Die schöne Barockkirche, ein sehenswertes Aquarium (Juni–Okt. tgl. 9.30–17 Uhr) und Wanderwege u.a. zu römischen Gräbern machen den Ort attraktiv.

Touren in Luxemburg

Tour 16
Auf dem Mullerthal-Trail

Echternach › Rosport › Moersdorf › Echternach › Berdorf › Müllerthal › Echternach › Müllerthal › Beaufort › Larochette › Müllerthal

Tour 17
Die Luxemburger Weinstraße

Schengen › Remich › Stadtbredimus › Grevenmacher › Wasserbillig

Tour 18
Burgentour im Ösling

Echternach › Bourscheid › Esch-sur-Sûre › Wiltz › Clervaux › Vianden › Echternach

Tour 18 Burgentour im Ösling

Tour-Übersicht:

Verlauf: Echternach › Bourscheid › Esch-sur-Sûre › Wiltz › Clervaux › Vianden › Echternach

Dauer: 2 Tage

Praktische Hinweise:

- Anfahrt mit dem eigenen Auto

Tour-Start:

Bei ***Echternach** › S. 135 beginnt das Burgenland Luxemburgs. Die Häufung von befestigten Orten liegt in Luxemburgs kriegerischer Geschichte begründet. In ***Bourscheid** › S. 137 wird man das größte Schloss zwischen Rhein und Maas bewundern, es steht mit Respekt einflößenden 12 000 m2^{2} Fläche auf einem Felsen über der Sauer. Alles an ihm ist mächtig: Bergfried, Wachtürme und das Stolzemberger Haus. Die Burg von **Esch-sur-Sûre** hat die Zeiten nicht ganz so gut überstanden, nur Bergfried und Teile der Mauer sind erhalten. Das barocke Schloss von **Wiltz** mit den vielgestaltigen grauen Schieferdächern prunkt mit seiner Freitreppe – vor allem wenn diese die Kulisse für Freilichtaufführungen bildet (www.festivalwiltz.lu). Im Zentrum von **Clervaux** › S. 133 steht die schönste Burg des Landes: So wehrhaft wie gemütlich sieht das Ensemble mit dem runden Torbogen und den dicken Türmen aus. Berühmter noch ist ***Schloss Vianden** › S. 134, die Burg, die nie eingenommen wurde und mit Waffensaal, Ritterstube und Schlossküche aufwartet.

Wichtige Adresse

City Tourist Office,
- Place Guillaume II
- 1648 Luxembourg
- Tel. 003 52/22 28 09
- www.lcto.lu

Unterwegs in Luxemburg

12 **Luxemburg-Stadt 1

In der Haupt- und Residenzstadt (frz. Luxembourg) des Großherzogtums lebt etwa ein Drittel der Bevölkerung des Landes (mit Vororten ca. 150 000 Einw.). Sie verdankt ihre Gründung einem strategisch günstigen Felssporn über dem Tal der Alzette, dem Bockfelsen, auf dem sich eine gut befestigte kleine Burg, eine »Lützelburg«, errichten ließ. Daraus wurde im 16. Jh. eine der stärksten Festungen Europas, das »Gibraltar des Nordens«, das ständig wechselnden Herren gehörte: Franzosen, Spanier, Österreicher, Preußen gaben sich hier sozusagen den Schlüssel zur Zugbrücke in die Hand. Heute manifestiert sich die Bedeutung Luxemburgs eher auf dem Kirchberg, wo sich die meisten der europäischen Institutionen befinden.

Erst-! klassig

Eintritt zu über 50 Sehenswürdigkeiten und freie Fahrt mit öffentlichen Verkehrsmitteln bietet die Luxembourg-Card ab 11 € pro Person. Familien bis zu 5 Personen zahlen 68 € für die 3-Tages-Karte (City Tourist Office › S. 128).

Im Stadtzentrum

Im Volksmund heißt der zentral gelegene **Place de la Constitution** Ⓐ »Gëlle Frau«, Goldene Frau, was sich auf die Siegesgöttin an der Spitze des Ehrenmals für die luxemburgische Freiwilligenkompanie im Ersten Weltkrieg bezieht. Am Platz der Verfassung liegt der Zugang zu den **Casemates de la Pétrusse.** Das unterirdische Labyrinth von Gängen und Treppen wurde ab 1644 von den spanischen und österreichischen Besatzungstruppen in den Fels gesprengt (Ostern, Pfingsten und Juli–Sept. tgl. 11–16 Uhr; geführter Rundgang).

Der Blick in die Parkanlagen im Tal der Pétrusse, die über einen Treppenweg zu erreichen sind, wird vom Pont Adolphe (1903) und dem alten **Viadukt** (1859) mit seiner harmonischen Bogenarchitektur eingerahmt. Beide Brücken führen ins lebhafte Bahnhofsviertel mit seinen protzigen Verwaltungsbauten, wobei die Gründerzeitgebäude des Arcelor-Stahlkonzerns und der Staatssparkasse, aber auch der Bahnhof mit seinem markanten Turm zu den architektonisch interessantesten gehören.

Auffallendster Schmuck der schlichten Nordfassade der **Cathédrale Notre-Dame** **B** (17. Jh.) ist das frühbarocke Eingangsportal. Zur barocken Innenausstattung gehört die reiche, mit maurischen Stilelementen durchsetzte Empore. Erst in den 1930er-Jahren wurde der Südteil der Kirche angebaut. Dort befindet sich das Gnadenbild der Landespatronin »Trösterin der Betrübten«. Zwei Bronzelöwen weisen den Eingang zur Krypta der Großherzöge. Neben der Kirche, im Gebäude des ehemaligen Jesuitenkollegs, einem dreiflügeligen Renaissancebau, ist die Nationalbibliothek untergebracht. Auf der anderen Seite steht das alte Refugium der Trierer **St.-Maximin-Abtei** **C**. Der Natursteinbau wurde 1751 errichtet und ist heute Sitz des Außenministeriums.

Ein Stückchen weiter südlich zeigt das **Historische Museum der Stadt Luxemburg** auf sechs teils in den Fels gegrabenen Stockwerken so unterhaltsam wie informativ die Entwicklung der Stadt in den letzten tausend Jahren. Atemberaubend ist die Fahrt mit dem Panoramalift, der die Schichten der Stadt durcheilt (14, rue Saint Esprit, Di–So 10–

Place Guillaume II. mit dem Großherzoglichen Palast

18, Do bis 20 Uhr, unter 18 Jahren Eintritt frei, www.mhvl.lu).

Auf der **Place Guillaume II.** **D** findet jeden Mittwoch und Samstag ein bunter Markt statt. In der Platzmitte erhebt sich das Reiterstandbild Wilhelms II., der sowohl König der Niederlande als auch Großherzog von Luxemburg war. An der Südseite steht das klassizistische **Rathaus.** Ein mit einem Fuchs bekrönter Brunnen ehrt Michel Rodange, der Goethes Epos »Reineke Fuchs« auf Luxemburger Verhältnisse übertrug.

An der Place Guillaume startet der »Wenzelrundgang« durch Ober- und Unterstadt und verbindet Stationen der Geschichte Luxemburgs (ab City Tourist Office, April–Ende Okt, Sa 15 Uhr.) Die Tour kann man mit einem Faltblatt des City Tourist Office › **S. 128** auch ohne Führung gehen.

Durch eine Passage kommt man zum Paradeplatz, der Place d'Armes **E** mit vielen Cafés und Restaurants, und dann ein Stück weiter südwestlich zum **Casino Luxemburg – Forum für zeitgenössische Kunst,** das interessante Ausstellungen präsentiert (41, rue Notre-Dame, Mo, Mi, Fr 11–19, Do 11–20, Sa, So 11–18 Uhr, www.casino-luxembourg.lu).

Erst-klassig

Maurisch-spanische Arabesken zieren die Fassade des 1572 im Renaissancestil erbauten **Palais Grand-Ducal** **F**. Weht die Fahne auf dem

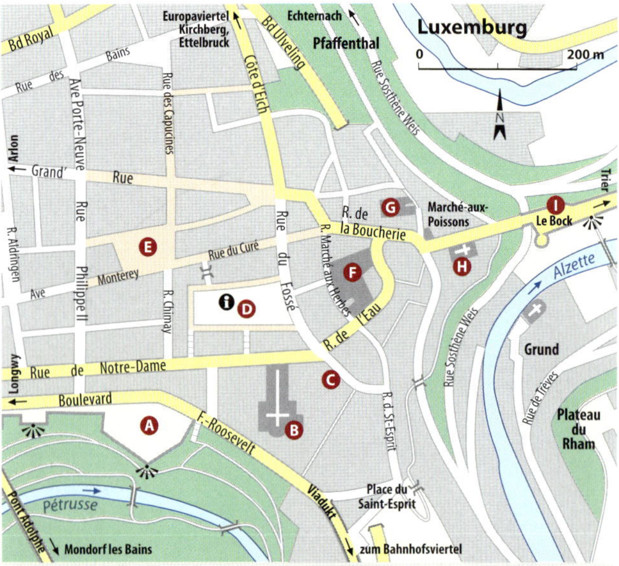

A Place de la Constitution
B Cathédrale Notre-Dame
C St.-Maximin-Abtei
D Place Guillaume II.
E Place d'Armes
F Palais Grand-Ducal
G Musée National d'Histoire et d'Art
H Kirche St.-Michel
I Bockfelsen

Dach und stehen zwei Wachen vor dem Tor, ist die Großherzogliche Familie zu Hause (Besichtigung Mitte Juli bis Mitte Aug., Tickets nur im City Tourist Office › **S. 128**).

Die Rue de la Boucherie endet am **Marché aux Poissons,** dem früheren Fischmarkt und historischen Kern der Altstadt, wo das erste Kastell errichtet worden war. Das nahe **Musée National d'Histoire et d'Art** **G** zeigt eine umfassende Sammlung zur Geschichte und Kultur des Landes. So begegnet man z. B. den Kelten und Römern, die einstmals hier lebten – nicht schlecht übrigens, wie ein prächtiges römisches Mosaik beweist (Di–So 10–18, Do bis 20 Uhr; www.mnha.lu).

Die Geschichte der **Kirche St.-Michel** **H** geht bis ins Jahr 987 n. Chr. zurück, als die Luxemburger Grafen ihre Burgkapelle errichteten. Das Renaissanceportal, der spätgotische Innenraum und die barocke Ausstattung zeugen von den zahlreichen Umbauten.

Der Bockfelsen I

Zur Zeit der spanischen Fremdherrschaft entstanden 1644 die ersten Kasematten. Vierzig Jahre später erweiterte der französische Festungsbauer und Militäringenieur Vauban die unterirdischen Galerien. Ihre heutigen Ausmaße erhielten die ***Casemates du Bock unter der österreichischen Kaiserin Maria Theresia Mitte des 18. Jhs. Ein eindrucksvoller halbstündiger Spaziergang führt durch einen Teil des 17 km langen Labyrinths der Verteidigungsanlagen, die zum UNESCO-Welterbe zählen (März–Okt. tgl. 10–17 Uhr).

Erst-! klassig

Vom Höhenweg Chemin de la Corniche, vom Autor Batty Weber (1860–1940) als »schönster Balkon Europas« gerühmt, bieten sich abwechslungsreiche Ausblicke ins Tal der Alzette mit den Unterstädten Grund und Pfaffental sowie auf das Plateau du Rham gegenüber.

Erst-! klassig

Im Grund

Ein Aufzug an der Place du St-Esprit verbindet die Oberstadt mit dem angesagten Viertel Grund. In viele der restaurierten Fischer- und Arbeiterhäuschen sind inzwischen Läden, Bistros, Cafés und Pubs eingezogen. Aus der **Abtei Neumünster** (17. Jh.) wurde ein Kulturzentrum. Dort treffen sich Kulturfans zur Jazzmatinée (www.ccrn.lu).

Das **Nationalmuseum für Naturgeschichte »natur musée«** geht noch weiter in die Geschichte zurück: Beginnend mit den ersten Spuren des Lebens auf der Erde wird der Frage nachgespürt: »Wer bin ich?« (25, rue Münster, Di–So 10–18 Uhr, www.mnhn.lu).

Auf dem Kirchberg

Um den neuen Star unter den Museen zu besuchen, muss man hinaus zum **Plateau Kirchberg** fahren (A1 Richtung Trèves (Trier), Ausfahrt 8, Buslinien 1, 13, 16, Haltestelle Philharmonie-Mudam). Hier wird Europa gemacht: Behörden, Banken, Kongress- und Tagungszentren haben ihre Klötze aufgestellt.

Die neue, weiße **Philharmonie** von Christian de Portzamparc

› Karte S.130

prunkt mit über 800 schlanken Säulen (www.philharmonie.lu), und Bildhauer wie Fernand Léger (»La grande fleur qui marche«), Richard Serra (»Exchange«, »Sarregemuines«), oder A.R. Penck (»Delphi heliotroph«) haben genügend Platz für ihre monumentalen Plastiken.

Auf den Ruinen des alten Forts hat der chinesisch-amerikanische Architekt Ieoh Ming Pei das **Museum für moderne Kunst Grand-Duc Jean MUDAM** errichtet. Luxemburgs erstes Museum für moderne Kunst hat sich auf die Fahne geschrieben »nah am Nerv der internationalen Kunstszene« zu bleiben und lädt immer wieder renommierte Künstler ein, Werke speziell für das Haus zu schaffen (3, Park Dräi Eechelen, Mi–Fr 11–20, Sa–Mo 11-18 Uhr, Di geschl., www.mudam.lu).

SEITENBLICK

Auf nach Europa

1948 gab Luxemburg seine Neutralität auf und entschied sich für eine aktive Rolle in der europäischen Integrationspolitik: Es gründete 1949 mit den Niederlanden und Belgien die Zoll- und Wirtschaftsunion BeNeLux, wurde 1951 Sitz der Montanunion und trat 1964 der EWG bei. 1995 ratifizierte Luxemburg als erstes Land die Maastricht-Verträge zur EU, 2005 die Nizza-Verträge zur EU-Verfassung. Und 2007 war Luxemburg zusammen mit den Nachbarregionen in Deutschland, Belgien und Frankreich »Europas Kulturhauptstadt« – ein Titel, den die Stadt Luxemburg schon 1995 trug.

Hotels

Le Royal ●●●

Hotel der Weltklasse mit Business Center, Fitnessräumen, Sauna, Hamam, Schönheitssalon etc. am Rande der Altstadt mit Blick auf den Park.

- 12, bd. Royal
- Tel. 003 52/241 61 61
- www.hotelroyal.lu

Domus ●●●

In modernem Designerstil eingerichtetes Apartmenthotel.

- 37, av. Monterey
- Tel. 003 52/467 87 81
- www.domus.lu

Victor Hugo ●●●

Freundliches, modernes Stadthotel (21 Zimmer) am Rande von Bankenviertel und Altstadt.

- 2, ave. Victor Hugo
- Tel. 003 52/262 74 40
- www.victorhugo.lu

Zwischenstopp: Restaurants

Clairefontaine ●●●

Das Gourmetlokal im Regierungsviertel serviert v. a. edle französische Küche.

- 9, pl. de Clairefontaine
- Tel. 003 52/46 22 11
- www.restaurantclairefontaine.lu
- Sa, So geschl.

Am Tiirmschen ●●

Authentische Luxemburger Küche.

- 32, rue de l'Eau
- Tel. 003 52/26 27 07 33
- www.amtiirmschen.lu

La Boucherie ●–●●

Café, Brasserie und Restaurant zugleich und spezialisiert auf Fleischgerichte.

- 9, pl. des Armes
- Tel. 003 52/26 10 38 83
- Tgl. bis 22 Uhr

Cafe Namur ●–●●

Das Traditionscafé serviert Luxemburger Spezialitäten aus eigener Herstellung: Rieslingpasteten, Canapés, süße und pikante gefüllte Backwaren.

- 27, rue des Capucins
- Mo, Mi–Sa bis 18 Uhr

Shopping

Pâtisserie Oberweis

Ein Spitzenkonditor.

- 19, Grand' Rue
- www.oberweis.lu

Frieden

Designermode für Damen und Herren.

- 4, rue des Capucins

Clervaux 2

Hauptanziehungspunkt des Städtchens ist die **Schlossburg** (12. bis 17. Jh.), die die Grafen von Clerf im 12. Jh., möglicherweise auch früher, auf einem Felsvorsprung errichteten. In ihren Räumen sind zurzeit zwei Dauerausstellungen zu besichtigen: eine zur Ardennenschlacht und dem Zweiten Weltkrieg und eine mit Modellen der 22 wichtigsten Luxemburger Burgen und Schlösser (Mai–Sept. Di–So 11–18, März, April und Okt.–Dez. Sa, So, Fei 11–18 Uhr, Jan., Febr. geschl.).

Erst-klassig

Legendär ist die **Fotosammlung »The Family of Man« des Luxemburger Fotografen Edward Steichen. Die Ausstellung wurde 2003 in die Liste des Weltdokumentenerbes

Das Schloss von Clervaux

(Memory of the World = MOW) der UNESCO aufgenommen (Wiedereröffnung Juli 2013, www.steichencollections.lu).

Die schlichte neoromanische **Klosterkirche** der Benediktinerabtei St.-Maurice et St.-Maur birgt als wertvollstes Ausstattungsstück eine Pietà aus dem 15. Jh. Eine Spezialität von Clervaux ist der Kaffee der Abtei-Rösterei.

Hotel

Manoir Kasselslay ●●●

Stilvolle Zimmer und ein Michelin-Stern für klassische, mit Finesse zubereitete Gerichte. Im Sommer wird auf der hübschen Terrasse gedeckt.

- Maison 21
- 9769 Roder (Nähe Clervaux)
- Tel. 003 52/95 84 71
- www.kasselslay.lu

Hotel St.Hubert ●

Nur 10 Min. Fußweg ins Zentrum von Clervaux. Etwas rustikal, aber recht gemütlich eingerichtete Zimmer. Mit Bar und Restaurant.

Erst-! klassig

Sterne über Luxemburg

In Luxemburg kann man außergewöhnlich gut essen. Das kleine Land hat ein Dutzend Sterne-Restaurants:

- **Clairefontaine,** eine Institution mit einfallsreicher Karte. › S. 132
- In edel-rustikalem Rahmen verwöhnt **Le Bouquet garni** mit klassisch-modernen Gerichten.
  32, rue de l'Eau
  1449 Luxemburg
  Tel. 003 52/26 20 06 20
  www.lebouquetgarni.lu
  So, Mo geschl.
- Französische Klassik, mediterrane Leichtigkeit und orientalische Schärfe gehen im **Le Patin d'Or** von Philippe Laffut eine köstliche Liaison ein.
  40, route de Bettembourg
  1899 Kockelscheuer
  Tel. 003 52/22 64 99
  www.patin-dor.lu
  Sa, So geschl.
- Gleich zwei Sterne zeichnen die italienische Küche des **Ristorante Mosconi** in einem schönen Haus am Ufer der Alzette mit Terrasse aus.
  13, rue Munster
  2160 Luxembourg-Grund
  Tel. 003 52/54 69 94
  www.relais chateaux.com/mosconi
  Sa Mittag, So, Mo geschl.
- In ihrem stilvollen Edelrestaurant **Léa Linster** serviert die Grande Dame der Luxemburger Küche feine französisch inspirierte Kreationen
  17, route de Luxembourg
  5752 Frisange
  Tel. 003 52/23 66 84 11
  www.lealinster.lu
  Mo, Di geschl.

- 9768 Reuler/Clervaux
- Tel. 92 04 32
- www.hotel-sthubert.lu

Vianden 3

Erst-! klassig

Mit seiner 1000 Jahre alten *Burg zählt der Ort zu den bekanntesten Reisezielen in Luxemburg. Die Besichtigung der einzelnen Gebäudeteile – des Großen Palas mit dem Rittersaal, des Kleinen Palas mit dem Byzantinischen Saal und der Burgkapelle (12. Jh.) – ist ein Erlebnis (April–Sept. tgl. 10–18 Uhr, sonst kürzer, www.castle-vianden.lu).

Im alten Ortskern sind die gotische **Eglise des Trinitaires** mit schönem Kreuzgang und barockem Hochaltar, das **Volkskundemuseum** und das **Victor-Hugo-Museum** sehenswert. Während seines Exils 1871 wohnte der Romancier mehrere Wochen in dem Haus (Di–So 11–17 Uhr).

Info

Syndicat d'Initiative

- 14 rue du vieux Marché
- 9419 Vianden
- Tel. 003 52/83 42 57
- www.tourist-info-vianden.lu

Hotel

Auberge du Château ●●

Ein schmuckes Haus zum Wohlfühlen: über 40 liebevoll gestaltete Zimmer (auch Studios), Brasserie-Restaurant und extra Motorrad-/Fahrradraum.

- 74–80 Grand Rue
- 9401 Vianden
- Tel. 003 52/83 45 74
- www.auberge-du-chateau.lu

Die mittelalterliche, sorgfältig restaurierte Burg von Vianden

*Luxemburger Schweiz 4

Auf der Fahrt durch das untere Tal der Sûre (Sauer) münden weite Acker- und Wiesenflächen in eine immer enger werdende Tallandschaft. In dieser waldreichen Gegend, die ein dichtes Netz von Wanderwegen durchzieht, haben sich Bäche tief eingeschnitten und jene bizarren Felsgebilde, Schluchten und Höhlen geschaffen, die der Gegend ihren Namen einbrachten.

*Echternach 5

Mit der Gründung einer Benediktinerabtei durch den hl. Willibrord im 7. Jh. begann die Entwicklung Echternachs (5300 Einw.) zu einem Zentrum religiöser Kunst. Im 10. und 11. Jh. genoss die Echternacher Buchmalerschule hohes Ansehen, wie sich im **Museum der Buchmalerei** im Untergeschoss der Abtei nachvollziehen lässt (April, Mai, Okt. tgl. 10–12, 14–17, Juni, Sept. 10–12, 14–18, Juli, Aug. 10–18 Uhr). Mittelpunkt der mächtigen Klosteranlage ist die viertürmige ***Willibrordusbasilika.** Mehrfach zerstört, um- und rückgebaut, entspricht ihr Äußeres wieder dem des 11. Jhs. Die Krypta des karolingischen Vorläuferbaus aus dem 8. Jh. ist noch gut erhalten.

Die bekannte Echternacher Springprozession zu Ehren des hl. Willibrord, des Patrons gegen Nervenkrankheiten, findet jedes Jahr am Pfingstdienstag statt (www.willibrord.lu).

Die Nordwestseite des schönen Marktplatzes bilden der gotische Dingstuhl (Denzelt), ehemals Sitz des Schöffengerichts, und das alte Rathaus »Unter den Arkaden«.

Der Kulturrundweg »Via Epternacensis« verbindet 15 Altstadt-Sehenswürdigkeiten. Einen Plan mit Beschreibung der Stationen gibt es im Tourismusbüro.

› Karte S. 127

Info

Bureau de Tourisme
- Parvis de la Basilique
- 6401 Echternach
- Tel. 003 52/72 02 30
- www.echternach-tourist.lu

Hotel

Le Pavillon ●●
Freundliches Mittelklassehotel unweit vom Hauptplatz mit Brasserie.
- 2, rue de la Gare
- Tel. 003 52/72 98 09
- www.lepavillon.lu

SEITENBLICK

Moselwein auf Letzeburgisch

Weintrinker erfreuen sich in Luxemburg an den Rebenhängen, die die Ufer der Mosel bilden und frische, spritzige Weißweine liefern. Etwa 50 Weingüter mit insgesamt 1350 ha Rebfläche produzieren Wein von hoher Qualität, den man in Deutschland selten findet, denn die Luxemburger scheinen ihn selbst zu trinken. Neben Riesling, Pinot Gris, Pinot Blanc und Pinot Noir werden auch unbekanntere Trauben kultiviert:
- Der körperreiche **Auxerrois,** den vermutlich vertriebene Hugenotten aus Frankreich in Luxemburg angesiedelt haben, hat wenig Säure und ist daher sehr anpassungsfähig.
- Der **Rivaner,** eine Kreuzung aus Riesling und Sylvaner, ist eine milde, duftende Rebsorte, die hier am häufigsten angebaut wird.
- Der **Elbling** wird in Luxemburg seit der Römerzeit kultiviert. Er ist erfrischend, spritzig und alkoholarm – ideal für das Glas zwischendurch.

Zwischenstopp: Restaurant

Hostellerie de la Basilique ●●
Gutes Hotel-Restaurant: Spezialitäten sind Meeresfrüchte und Fisch.
- 7, pl. du Marché
- Tel. 003 52/72 94 83
- www.hotel-basilique.lu

Moseltal 6

Das Zentrum der luxemburgischen Weinbauregion ist die ehemalige Festungsstadt **Grevenmacher** (3300 Einw.) mit ihrem wehrhaften Kirchturm aus dem 13. Jh. Eine Attraktion ist der Schmetterlingsgarten (Route de Trèves, Tel. 003 52/75 85 39, April bis 15. Okt. 9.30–17 Uhr).

Unter römischer Herrschaft hatte sich **Remich** (2650 Einw.) als »Remacum« einen Namen als Winzerstadt gemacht. Im Mittelalter war es Sitz einer Vogtei, im 19. Jh. lebte man von der Fischerei und nun vom Tourismus.

Hotels

Hotel de l'Esplanade ●●
Schlichtes, aber ordentliches Hotel im Zentrum, Terrasse mit Moselblick.
- Esplanade 5
- 5533 Remich
- Tel. 003 52/23 66 91 71
- www.esplanade.lu

Hotel Kinnen ●
Nettes Familienhotel mit schönen Zimmern und gutem Restaurant.
- 32, route de Luxembourg
- 6633 Wasserbillig (nördl. von Grevenmacher)
- Tel. 003 52/74 00 88
- Fax 003 52/74 01 08

Mersch 7

Am Hauptplatz der Kleinstadt (6500 Einw.) fällt der **Michaelsturm** mit seiner Zwiebelkrone ins Auge. Gegenüber steht das **Wasserschloss** aus dem 12. Jh., das mehrmals zerstört und immer wieder aufgebaut wurde. Von einer **römischen Patriziervilla** mit Fußbodenheizung und einem monumentalen Wasserbecken sind eindrucksvolle Reste erhalten (Rue des Romains, jederzeit frei zugänglich).

Luxemburger Ardennen

Bourscheid 8

Von der imposanten Burgruine Bourscheid, die aus dem 11. Jh. stammt, sind noch bedeutende Reste erhalten, das Stolzenburger Haus vermittelt Einblicke in die örtliche Baugeschichte. Herrlich ist der Blick von den mächtigen Mauern über die tiefen, dicht bewaldeten Täler der Ardennen.

Esch-sur-Sûre 9

Das idyllische Örtchen liegt in den Hügeln einer Schleife des Flusses Sûre und blickt auf mehr als 5000 Jahre Geschichte zurück. In die ehemalige Tuchfabrik sind das Naturparkzentrum Obersauer und ein kleines Museum zur Tuchfabrikation eingezogen. Im waldreichen Naturpark mit seinem Stausee kann man u.a. dem Legendenweg oder dem Entdeckungsweg folgen (www.naturpark-sure.lu).

Auf dem Marktplatz von Echternach

Hotel

Hotel Le Postillon ●

Familienhotel am Ufer der Sauer.

- 1, rue de l'eglise
- 9650 Esch-Sur-Sûre
- Tel. 003 52/89 90 33
- www.lepostillon.lu

Wiltz 10

Kunstinteressierte sollten in der ehemaligen Gerberstadt (4000 Einw.) die spätgotische **Hallenkirche** mit romanischen Bauteilen im Ortsteil Niederwiltz besuchen.

Im **Schloss**, dessen ältester Teil der 1573 errichtete Hexenturm ist, sind das Nationale Museum der Braukunst und ein Gerbereimuseum beheimatet (Sept.–Juni Mo–Fr 10–12, 14–17, Sa 10–12, Juli/Aug. tgl. 10–18 Uhr).

Infos von A–Z

Ärztliche Versorgung

Bürger der EU- und EFTA-Länder werden in Belgien und Luxemburg gegen Vorlage der Europäischen Krankenversicherungskarte (EHIC) ärztlich behandelt, müssen aber die Rechnung direkt bezahlen. Gesetzliche Kassen erstatten dann einen Anteil. Empfohlen ist der Abschluss einer privaten Reise-Zusatzversicherung, die einen medizinisch nötigen Rücktransport einschließt.

Behinderte

Öffentliche Einrichtungen sind für Behinderte nicht immer problemlos erreichbar. In Hotelverzeichnissen ist für jedes Hotel angegeben, ob die Unterkunft für Rollstuhlfahrer zugänglich ist. Man sollte vor der Buchung sicher stellen, dass behindertengerechte Einrichtungen vorhanden sind.

Diplomatische Vertretungen

- **Deutsche Botschaften:** 8–14, rue Jacques de Lalaingstraat, 1040 Bruxelles, Tel. 02/7 87 18 00, www.bruessel.diplo.de; 20–22, ave. Emile Reuter, 2420 Luxemburg, Tel. 003 52/45 34 45-1, www.luxemburg.diplo.de
- **Österreichische Botschaften:** 5, place du Champ de Mars, 1050 Bruxelles, Tel. 02/2 89 07 00, www.bmeia.gv.at/botschaft/bruessel.html; 3, rue des Bains, 1212 Luxemburg, Tel. 003 52/47 11 88, www.bmeia.gv.at/botschaft/luxemburg.html
- **Botschaften der Schweiz:** 26, rue de la Loi, 1040 Bruxelles, Tel. 02/2 85 43 50, Fax 2 30 37 81, www.eda.admin.ch/bruxelles; 25a, bd. Royal, 2449 Luxemburg, Tel. 003 52/22 74 74-1, www.eda.admin.ch/luxembourg

Ein- und Ausreise

EU-Bürger unterliegen keinen Grenzkontrollen, müssen aber Personalpapiere mit sich führen. Schweizer benötigen Identitätskarte bzw. Reisepass. Für Kinder unter 16 Jahren genügt ein Kinderausweis oder ein Eintrag im Elternpass.

Feiertage

1. Jan., Ostermontag, 1. Mai, Christi Himmelfahrt, Pfingstmontag, 23. Juni (Nationalfeiertag in Luxemburg), 21. Juli (Nationalfeiertag in Belgien), 15. Aug. (Mariä Himmelfahrt), erster Montag im Sept. (nur in Luxemburg), 1. Nov. (Allerheiligen), 11. Nov. (Waffenstillstandstag 1918, nur in Belgien), 25. und 26. Dez. Fällt einer dieser Feiertage auf einen Sonntag, gilt der nächste Tag als gesetzlicher Feiertag. Feiertage der Sprachgemeinschaften in Belgien: Flamen: 11. Juli, Frankophone: 27. Sept., Deutsche: 15. Nov.

Geld

In beiden Ländern kann an Geldautomaten (bancomat) mit Bank-/Maestro-Karte bzw. Kreditkarte und PIN Bargeld abgehoben werden.

Haustiere

Für Hunde oder Katzen muss ein EU-Heimtierpass mit gültiger Tollwut-Schutzimpfung vorgelegt werden. Jedes Tier muss mit einem Mikrochip gekennzeichnet sein.

Information

- **Belgien Tourismus,** Cäcilienstr. 46, 50667 Köln, Tel. 02 21/2 77 59-0, www.belgien-tourismus.de
- **Tourismuswerbung Flandern,** Mariahilfer Straße 121 b, 1060 Wien, Tel. 01/5 96 06 60, www.flandern.at

- **Luxemburger Verkehrsamt,** c/o Luxemburgische Botschaft, Klingelhöfer Str. 7, 10785 Berlin, Tel. 030/257 57 73, info@visitluxembourg.de, www.ont.lu

Verkehrsämter der Provinzen

- Antwerpen: Koningin Elisabethlei 16, 2018 Antwerpen, Tel. 03/2 40 63 73, info@tpa.be
- Ostflandern: Sint-Niklaasstraat, 9000 Gent, Tel. 09/2 69 26 00, toerisme@oost-vlaanderen.be
- Westflandern: Jan Van Eyckplein 2, 8000 Brugge, Tel. 08 00/200 21, provincie@west-vlaanderen.be
- Wallonisch Brabant: 2, av. Einstein, 1300 Wavre, Tel. 010/23 63 31, www.brabantwallon.be
- Hennegau: 31, rue de Clercs, 7000 Mons, Tel. 065/36 04 64, federation.tourisme@hainaut.be
- Lüttich: 77, blvd. de la Sauvenière, 4000 Liège, Tel. 04/2 37 95 30, www.ftpl.be
- Belgisch Luxemburg: 9, quai de l'Ourthe, 6980 La Roche-en-Ardenne, Tel. 084/41 10 11, www.ftlb.be
- Namur: 22, av. Reine Astrid, 5000 Namur, Tel. 081/77 67 57, www.paysdesvallees.be
- Wallonie-Brüssel: 30 rue St-Bernard, 1060 Bruxelles, Tel. 070/22 10 21, www.opt.be
- Ostkantone: Mühlbachstr. 2, 4780 St. Vith, Tel. 080/22 76 64, www.eastbelgium.com
- Limburg: Universiteitslaan 3, 3500 Hasselt, Tel. 011/30 55 00, info@toerismelimburg.be

Notruf

- Notarzt und Feuerwehr: Tel. 112
- Polizei: Tel. 101 (B), Tel. 113 (L)

Öffnungszeiten

- Banken: Mo–Fr 9–16 Uhr
- Post: Mo–Fr 9–17, Sa 9–12 Uhr
- Geschäfte: Mo–Sa 9–19 Uhr

Achtung Rauchverbot

Das Rauchen ist in belgischen Restaurants verboten, in Kneipen und Bars ohne Speisenangebot darf man (noch) rauchen. In Luxemburg gilt ebenfalls ein Rauchverbot in allen öffentlichen Gebäuden.

Telefon/Handy/Internet

Telefonzellen sind in Belgien fast vollständig abgebaut worden, Telefonieren mit Handy ist problemlos möglich. Prepaid-Karten lohnen sich bei längerem Aufenthalt (Tipps und Tarifinfos auf www.teltarif.de/mobilfunk).

Vorwahlen:

Deutschland 00 49, Österreich 00 43, Schweiz 00 41, Belgien 00 32, Luxemburg 003 52

Internet-Zugänge gibt es – in der Regel gegen geringe Gebühr – in vielen Hotels, in allen Jugendherbergen sowie in öffentlichen Bibliotheken. Internet-Cafés bieten ihre Dienste in jedem größeren Ort an.

Zoll

Für EU-Bürger gelten bei Waren für den persönlichen Bedarf keine Beschränkungen, Richtmengen sind z. B. 800 Zigaretten, 10 l Spirituosen, 90 l Wein. Schweizer können 200 Zigaretten, 1 l Spirituosen über und 2 l unter 15 Vol % sowie Souvenirs bis max. 300 CHF zollfrei ein- bzw. ausführen.

Urlaubskasse	
Tasse Kaffee	2,50 €
Softdrink	2,50 €
Glas Bier (0,33 l)	2–5 €
Portion Pommes	2,50 €
Kugel Eis	1–1,50 €
Taxifahrt (Kurzstrecke)	ca. 15 €
Mietwagen/Tag	ca. 90 €

Register

Bildnachweis

Coverfoto Damme-Kanal bei Brügge, Westflandern © LOOK-foto/Elan Fleisher

Fotos Umschlagrückseite © Fotolia/Lovrencg (links); Belgien Tourismus (Mitte), Bildagentur Huber/M. Cristofori (rechts)

Alamy/Antony Shaw: 113; Alamy/Wilmar Photography: 64; APA Publications/Annabel Elston: 84, 133; Belgien Tourismus 19, 117; Belgien-Tourismus/Marie-Fred Dodet: 57; Bildagentur Huber/Gräfenhain: 51, 97; Bildagentur Huber/R. Schmid: 137; Bildagentur Kliem/Thomas Kliem: 98; Fotolia/majikh: U2-4; Fotolia/nimbus: 120; Fotolia/Antony Shaw: 109; Fotolia/Marek Slusarczyk: U2-1; Rainer Hackenberg: 53, 101; Jupiterimages/ Eibem: 108; Jupiterimages/A. Jochem: 50; Ingeborg Knigge: 5, 29, 63; laif/Zenit/ Boening: 38, 123, 125, 129; laif/hemisphe-res/ Bertrand Rieger: 105; laif/Reporters/Jean-Marc Quintet: 46; laif/Reporters/Mark Verpoorten: 15, 17; laif/hemis.fr/Pawel Wysocki: 135; LOOK-foto/age fotostock: 13, 83; LOOK-foto/Elan Fleisher: 6; LOOK-foto/Sabine Lubenow: 22, 69, 88; LOOK-foto/Juergen Stumpe: 10; mauritius images/Steve Vidler: U2-2, 118; Jo Scholten: 87; shutterstock/Horvath Botond: 44, 80; shutterstock/Oleg Shipov: 36; shutterstock/skyfish: 39; Toerisme Vlaanderen: 30; Toerisme Vlaanderen/Bastian Werner: 1, 25; Martin Thomas: 20, 33, 34, 48, 49, 85, 102, 103; Web Gallery of Art: 70; Wikipedia (gemeinfrei): U2-3.

Impressum

Herausgeber: TRAVEL HOUSE MEDIA GmbH, München
Verlagsleitung: Michaela Lienemann
Redaktionsleitung: Grit Müller
Autorin: Margarete Graf
Redaktion: bookwise GmbH, München
Bildredaktion: Ulrich Reißer
Visuelle Neukonzeption und Layout: Gramisci Editorialdesign, München,
und Ute Weber, Geretsried
Titeldesign-Konzept: Gramisci Editorialdesign, München, und Ute Weber, Geretsried
Karten und Pläne: Sybille Rachfall
Satz: Ute Weber, Geretsried
Druck: Stürtz Mediendienstleistungen, Würzburg

Dieses Buch wurde auf chlorfrei gebleichtem Papier gedruckt.
ISBN 978-3-8464-0713-4

www.polyglott.de

Liebe Leserin, lieber Leser,

wir freuen uns, dass Sie sich für diesen Polyglott on tour entschieden haben. Unsere Autorinnen und Autoren sind für Sie unterwegs und recherchieren sehr gründlich, damit Sie mit aktuellen und zuverlässigen Informationen auf Reisen gehen können. Dennoch lassen sich Fehler nie ganz ausschließen. Wir bitten Sie um Verständnis, dass der Verlag dafür keine Haftung übernehmen kann.

Ihre Meinung ist uns sehr wichtig. Bitte schreiben Sie uns:
TRAVEL HOUSE MEDIA GmbH, Redaktion Polyglott, Grillparzerstraße 12, 81675 München,
redaktion@polyglott.de

Langenscheidt Mini-Dolmetscher Französisch

Allgemeines

Guten Tag.	Bonjour. [bõ**~~sch~~ur**]
Hallo!	Salut! [ßa**lü**]
Wie geht's?	Ça va? [ßa **wa**]
Danke, gut.	Bien, merci. [bjẽ mär**ßi**]
Ich heiße ...	Je m'appelle ... [~~sch~~ö ma**päll**]
Auf Wiedersehen.	Au revoir. [o rö**woar**]
Morgen	matin [ma**tẽ**]
Nachmittag	après-midi [aprämi**di**]
Abend	soir [ßoar]
Nacht	nuit [nüi]
morgen	demain [dö**mẽ**]
heute	aujourd'hui [o~~sch~~ur**düi**]
gestern	hier [jär]
Sprechen Sie Deutsch?	Parlez-vous allemand? [par**le** wu al**mã**]
Wie bitte?	Pardon? [par**dõ**]
Ich verstehe nicht.	Je ne comprends pas. [~~sch~~ö nö kõ**prã** pa]
Sagen Sie es bitte nochmals.	Pourriez-vous répéter, s'il vous plaît? [pur**je** wu repe**te** ßil wu **plä**]
..., bitte.	..., s'il vous plaît. [ßil wu **plä**]
danke	merci [mär**ßi**]
Keine Ursache.	De rien. [dö **rjẽ**]
was / wer / welcher	quoi / qui / quel [koa / ki / käll]
wo / wohin	où [u]
wie / wie viel	comment / combien [ko**mã** / kõ**bjẽ**]
wann / wie lange	quand / combien de temps [kã / kõ**bjẽ** dö **tã**]
warum	pourquoi [pur**koa**]
Wie heißt das?	Comment ça s'appelle? [ko**mã** ßa ßa**päll**]
Wo ist ...?	Où est ...? [u ä]
Können Sie mir helfen?	Pouvez-vous m'aider? [pu**we** wu mä**de**]
ja	oui [ui]
nein	non [nõ]
Entschuldigen Sie.	Excusez-moi. [äksküse **moa**]
Das macht nichts.	Ça ne fait rien. [ßa nö fä **rjẽ**]
Gibt es hier eine Touristen-information?	Est-ce qu'il y a une information touristique ici? [äski**lja** ün ẽforma**ßjõ** turis**tik** i**ßi**]
Haben Sie einen Stadtplan?	Avez-vous un plan de la ville? [**awe** wus ẽ plã dö la wil]
geschlossen	fermé [fär**me**]

Shopping

Wo gibt es ...?	Où est-ce qu'il y a ...? [u äski**lja**]
Wie viel kostet das?	Ça coûte combien? [ßa kut kõ**bjẽ**]
Das ist zu teuer.	C'est trop cher. [ßä tro **schär**]
Das gefällt mir. / Das gefällt mir nicht.	Ça me plaît. / Ça ne me plaît pas. [ßa mö **plä** / ßa nö mö plä **pa**]
Wo gibt es hier eine Bank?	Où est-ce qu'il y a une banque ici? [u äski**lja** ün bãk i**ßi**]
Ich suche einen Geldautomaten.	Je cherche un guichet automatique. [~~sch~~ö schärsch ẽ gi**schä** otoma**tik**]
Geben Sie mir 100 g Käse.	Donnez-moi cent grammes de fromage. [do**ne moa** ßã gram dö fro**ma~~sch~~**]
Haben Sie deutsche Zeitungen?	Avez-vous des journaux allemands? [a**we** wus de ~~sch~~ur**no** al**mã**]

Essen und Trinken

Die Speisekarte, bitte.	La carte, s'il vous plaît. [la **kart** ßil wu **plä**]
Brot	pain [pẽ]
Kaffee	café [ka**fe**]
Tee	thé [te]
mit Milch / Zucker	au lait / sucre [o lä / **ßü**krə]
Orangensaft	jus d'orange [~~sch~~ü do**rã~~sch~~**]
Suppe	soupe [ßup]
Fisch / Meeresfrüchte	poisson / fruits de mer [poa**ßõ** / früi dö **mär**]
Fleisch / Geflügel	viande / volaille [wjãd / wo**laj**]
Beilage	garniture [garni**tür**]
vegetarische Gerichte	cuisine végétarienne [küi**sin** we~~sch~~etar**jänn**]
Eier	œufs [öh]
Salat	salade [ßa**lad**]
Dessert	dessert [de**ssär**]
Obst	fruits [früi]
Eis	glace [glass]
Wein	vin [wẽ]
Bier	bière [bjär]
Aperitif	apéritif [aperi**tif**]
Wasser	eau [o]
Mineralwasser	eau minérale [o mine**ral**]
Limonade	limonade [limo**nad**]
Ich möchte bezahlen.	L'addition, s'il vous plaît. [ladi**ßjõ** ßil wu **plä**]